딱 하나만 선택하라면, 운동

Work It Out

Work It Out

딱 하나만
선택하라면, 운동

세라 커책 지음 | **김잔디** 옮김

design **house**

내 소중한 고객들, B&R의 그녀들과

YSFC를 꾸준히 찾아주는 분들께 바칩니다.

머리말

마냥 눕고 싶은 당신에게
기운을 불어넣는 지침서

"운동은 해 보셨어요?"

정신 건강에 문제를 겪었던 적이 있다면 누군가 좋은 의도로 하는 말이든, 좋지 않은 의도로 하는 말이든 이와 유사한 말을 들어 봤을 것이다.

대충 짐작해도 이 짜증 나게 유익한 충고는 별로 도움이 안 됐을 것이다. 문제는 운동이 아니다. 뭐가 됐든 웬만큼 꾸준히 몸을 움직이면 기분이 나아질 수 있다. 하지만 '기적적인 치료법'이나, '그 어떤 개입도 필요 없는 만능 대안'은 존재하지 않는다. 어떤 상황에서도 다른 자기 관리를 모조리 중단하고 운동에 뛰어드는 건 금물이다. 하지만 세상 모든 게 지옥처럼 느껴질 때 운동은 집중할 거리와 일정한 루틴, 위안을 주고 심지어 신체 건강을 개선해 준다. 한마디로 좀 덜 거지같은 기분으로 만들어 준다.

피트니스 업계에서 일했던 지난 10년 동안 나는 스트레스와 우울, 불안에 시달리는 고객을 많이 만났고, 운동이 그들의 삶에 미치는 긍정적 영향을 목격했다. 나 자신도 몸을 움직이면서 정신적인 문제를 해결하는 데 도움을 받았다. 그렇다고 해서 운동의 힘을 거창하고 광범위하게 설파하는 건 그리 선호하지 않는다. 그런 발언은 어딘지 거북하고 현실과 동떨어진 느낌이 든다. 하지만 내가 좋아하는 운동을 발견하고 꾸준히 한 덕분에 목숨을 부지할 수 있었던 것도 사실이다. 심혈관계에 미친 영향을 말하는 게 아니다.

운동은 스트레스와 우울, 불안에 시달리는 사람에게 도움이 될 수 있다. 하지만 그들에게 운동이 유익하다고 말하는 것은 피트니스 역사를 통틀어 가장 쓸모없는 짓이다. 피트니스의 역사에는 운동을 보완할 온갖 보충 수단이 등장한다. 복근 단련 벨트, 서핑 요가 바지, 실내 자전거를 위한 케틀벨 kettle bell (쇠공에 손잡이가 달린 근력 운동 기구—옮긴이) 등이다.

"운동은 해 보셨어요?("요가는 해 보셨어요?"라는 질문 또한 피할 수 없다)"라는 질문은 듣는 사람을 모욕하고 거슬리게 한다. 운동이 정신 건강을 증진한다는 사실은 아무도 모르는 특별한 정보도 아니고, 처음 듣는 이야기도 아니다. 전혀 새로울게 없다. 어떤 사람은 저조한 기분으로 고군분투하는 당신을 위한답시고 "이 게으른 녀석아, 조깅으로 극복해"라는 말까지 할 것이다.

이런 발언은 문제의 핵심을 전혀 이해하지 못하는 말이다. 정신적 문제를 겪는 사람들은 대부분 삶을 개선하거나 통제하기 위해 뭘 할 수 있고, 뭘 해야 하는지 이미 알고 있다. 오히려 지나치게 잘 알아서 문제다. 하지만 그 잘 아는 것을 실천하지 못하는 게 정신적 문제의 핵심이다.

나는 이 주제를 연구하면서, 신체 건강과 정신 건강 분야에서 우리가 접할 수 있는 글과 정보는 대부분 동일한 함정에 빠졌다는 사실을 깨달았다. 피트니스 산업은 정신적 고통에 대처하는 방법을 수없이 제시하지만, 대부분은 이런 괴로움에 고통받는 사람들의 머릿속에서 어떤 대립이 벌어지는지에 대해 무지하다. 이런 책의 서문에서는 운동이 얼마나 좋은지 설명하고 그다음 곧바로 동기 부여와 운동 루틴, 신체 활동 자체에 관한 정보로 넘어간다. 이런 정보들은 딱히 틀린 것은 아니지만, 당신이 우울과 불안, 번아웃 등의 증상을 겪는 중이라면 전혀 와닿지 않는 이야기가 될 것이다.

자기 능력이 허락하는 한 몸을 움직이는 행위는 삶을 떠받치는 근간이다. 이런 활동이 몸과 정신을 건강하게 하고, 삶에 기쁨을 줘야 한다. 하지만 우리가 몸을 어디에서, 어떻게 움직여야 하는지 정보를 찾으려 할 때 경쟁과 처벌, 수치심을 선호하는 문화가 대부분의 정보를 자기 입맛에 맞게 걸러낸다. 우리 사회에는 정신적 고통을 이해하는 운동에 관한 연구와 설계, 자원이 절실히 필요하다. 한편 얼마나 많은 사람이 피트니스 문화에 소외감을 느끼는지, 그 결과 자기 몸과 단절되어 있는지도 인식해야 한다. 살아가는 것만으로도 이미 전쟁인 사람들에게 운동을 시작하는 것 자체가 얼마나 어려운지 공감하고 도와줄 그 분야의 권위자도 필요하다.

이 책은 내게 미약하게나마 그 수요에 응답할 기회인 셈이다. 싫지 않은 신체 활동을 발견하고, 그것을 삶에 녹아들게 하며, 안전하게 지속할 실용적인 방법을 소개한다. 또한 운동이 어떻게 당신에게 도움이 될 수 있는지, 큰맘 먹고 시작했지만 도움이 되기는커녕 다치기만 하고 끝나버리는 이유는 무엇인지, 이 반복되는 악순환을 깨려면 무엇을 해야 하는지 등을 알아본다. 또한 이 과정에서 실증 사례와 격려가 될 만한 이야기를 풍부하게 소개한다. 피트니스 업계 관계자들은 별것 아닌 것처럼 이야기하지만 운동을 시작하는 것은 결코 쉬운 일이 아니다. 만일 당신이 최선을 다하고 있다는 사실을 확인해 줄 누군가가 필요하다면 이 책에서 확인하길 바란다. 전직 피트니스 전문가로서 얘기하는데, 이 책의 내용이 도움이 된다면 마음에 새기고, 함부로 남의 상황을 판단하는 머저리는 끊어내라.

나는 우울과 불안, 번아웃 등으로 힘들어하는 사람들에게 초점을 맞춰서 이 책을 썼다. 이에 대한 경험이 풍부하고, 내가 누구보다 자신 있게 다룰 수 있는 분야이기 때문이다. 하지만 신경 발달 장애가 있는 사람에게도 이 책은 많은 부분에서 유용할 거라고 확신한다.

당신의 기분이 좋아지는 게 이 책의 목표인 만큼, 피트니스에서 불쾌해질 만한 측면은 제외했다. 이 책에서는 다이어트에 관해서 전혀 다루지 않는다. 누군가에게 충고할 만큼 전문가 수준의 자격을 갖추지 못했을 뿐 아니라 개인적으로 다이어트가 싫기 때문이다. 체중 감량에 관한 내용은 아예 없다. 내가 체중을 입에 올릴 때는 비만 공포증이 얼마나 모욕적이고 비과학적인지 언급할 때뿐이다.

자세히 다뤘으면 좋겠지만 적당히 생략한 부분도 있다. 그 중에 가장 아쉬운 건 운동 형태의 변형modification과 관련한 내용이다. 내가 무척 좋아하는 개념이지만, 여기서는 일반적인 의미로 다룰 예정이다. 변형은 몸의 필요에 맞춰 운동을 조정하는 일이다. 운동을 변형하는 건 부정행위가 아니며, 소위 쉬운 버전이라고 해도 새로운 도전과 결과로 이어질 수 있다. 하지만 트레이너로서 욕심이 나는 것과는 별개로, 모든 개인의 능력과 장애 수준에 맞춰 하나하나 변형하기에는 이 지면이 부족하다. 그렇기에 당신의 몸이 무엇을 할 수 있고 할 수 없는지 스스로 기민하게 인식할 필요가 있다. 기분 좋게 마무리될 리 없는 불편한 운동이라면 건너뛰어도 된다(몸에 미치는 부정적인 영향이 마음에 미치는 긍정적인 영향보다 크다면 운동 자체를 아예 안 해도 좋다. 예를 들어 다쳤거나 만성 질환을 앓는다면 운동이 해로울 수 있다.

여기 해당하는 독자는 책 내용에 귀를 기울이기 전에 몸을 점검하고 의사와 상담하길 바란다).

장소와 범위도 구체적인 운동 계획을 제한하는 요소다. 기본적인 트레이닝 개념과 근력, 유산소, 마인드 바디 수련을 위한 운동법을 제시할 테지만 세세한 루틴을 언급하진 않을 것이다. 그 대신 여러 가지 선택지 중에서 자신에게 맞는 계획을 개발하는 법을 살펴본다(14쪽 도표 참조). 지금 당신이 우울한데 운동을 시작하고 싶고, 동시에 견갑대(어깨 부위의 골격, 견갑골과 쇄골로 구성된다─옮긴이)의 안정성과 가동성을 키우고 싶으면 다른 자료가 더 필요하다. 이 책은 당신의 여정을 위한 준비 운동 단계라고 생각해라.

공부할 때 자세히 설명된 자료를 선호하는 편이고 책을 읽을 만한 정신적 에너지가 있다면, 이 책도 다른 책처럼 처음부터 끝까지 읽으면 된다. 기력은 좀 떨어지지만 조언 몇 가지 정도는 살펴보고 지나치지 않은 격려도 한두 가지 받아들일 수 있다면 죽 훑어보면서 관련 내용이나 시각 데이터를 찾아보자. 무엇을 하라고 꼬집어 얘기해 주길 바란다면 14쪽의 도표를 따라가길 바란다.

이 책을 어떻게 이용하든, 효과 있는 정보는 받아들이고 나머지는 미련 없이 버려라. 나는 도와주려는 것이지 강요하려는 게 아니다(하지만 무엇을 할지 정확히 알려 주는 편을 선호하는 사람을 위한 내용도 있다). 이래라저래라 하는 재수 없는 인간은 당신의 인생에 전혀 필요 없다.

《딱 하나만 선택하라면, 운동》백 배 활용하기

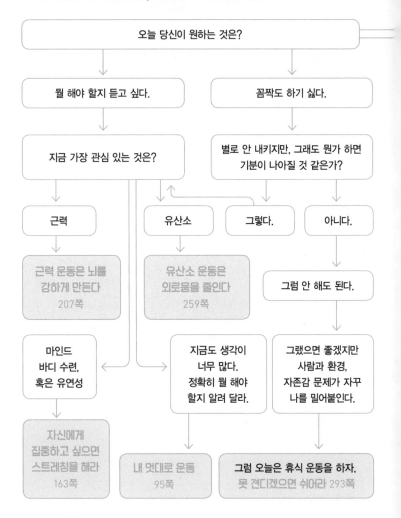

오늘 당신이 원하는 것은?

뭘 해야 할지 듣고 싶다.

꼼짝도 하기 싫다.

지금 가장 관심 있는 것은?

별로 안 내키지만, 그래도 뭔가 하면 기분이 나아질 것 같은가?

근력

유산소

그렇다.

아니다.

근력 운동은 뇌를 강하게 만든다
207쪽

유산소 운동은 외로움을 줄인다
259쪽

그럼 안 해도 된다.

마인드 바디 수련, 혹은 유연성

지금도 생각이 너무 많다. 정확히 뭘 해야 할지 알려 달라.

그랬으면 좋겠지만 사람과 환경, 자존감 문제가 자꾸 나를 밀어붙인다.

자신에게 집중하고 싶으면 스트레칭을 해라
163쪽

내 멋대로 운동
95쪽

그럼 오늘은 휴식 운동을 하자.
못 견디겠으면 쉬어라 293쪽

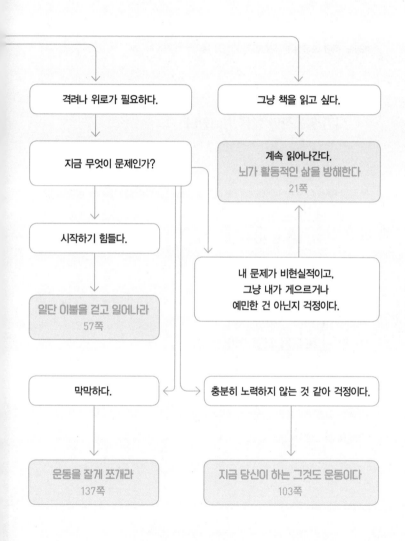

격려나 위로가 필요하다.

그냥 책을 읽고 싶다.

지금 무엇이 문제인가?

계속 읽어나간다.
뇌가 활동적인 삶을 방해한다
21쪽

시작하기 힘들다.

일단 이불을 걷고 일어나라
57쪽

내 문제가 비현실적이고,
그냥 내가 게으르거나
예민한 건 아닌지 걱정이다.

막막하다.

충분히 노력하지 않는 것 같아 걱정이다.

운동을 잘게 쪼개라
137쪽

지금 당신이 하는 그것도 운동이다
103쪽

1장 뇌가 활동적인 삶을 방해한다

당신이 운동을 자꾸 미루는 이유

2장 일단 이불을 걷고 일어나라

자꾸 눕고만 싶을 때 몸을 움직이는 법

1장

뇌가 활동적인 삶을 방해한다

당신이 운동을 자꾸 미루는 이유

Work It Out

유감이지만 기운 넘치는 피트니스 마니아들이 하는 말 중에 맞는 말이 하나 있다. 운동이 불안과 우울증 완화에 도움이 될 수 있다는 것이다(어디까지나 '도움이 될 수 있다'는 것이지 완전히 해결해 준다는 뜻은 아니다).

적당한 신체 활동을 꾸준히 반복하다 보면 눈에 띄게 기분이 좋아지게 된다. 불안 장애나 우울증에 시달리는 사람이라면 기분이 나아졌을 때 증상이 도지는 것을 막아주기도 한다. 물론 누구나 이런 효과를 보는 것은 아니다. 운동은 정신 질환 치료제가 아니며, 문제의 원인이 되는 환경을 고쳐 주지도 않는다.

열심히 버피burpee(스쿼트와 팔 굽혀 펴기, 점프를 혼합한 고강도 맨몸 운동―옮긴이)를 한다고 후기자본주의의 부조리를 벗어날 수는 없고, 기를 쓰고 달린다고 기후변화를 추월할 수도 없다. 하지만 계속 몸을 움직이면 어느 정도 긴장이 누그러질 가능성이 크다.

어떻게 이런 일이 가능한가에 대해서는 아직 정확히 밝혀지지 않았다. 운동이 정신 건강에 측정 가능한 긍정적 영향을 미친다는 연구 결과가 계속 나오고 있지만, 그 원리를 알아내려면 더 많은 연구가 필요하다. 불안과 우울은 복잡한 문제인 데다 뇌에 관한 지식은 끊임없이 진화하고 있으며, 완성되려면 한참 멀었다. 한편 운동에 관한 지식도 나름대로 성장통을 겪고 있다. 그래도 그중에서 몇 가지 지배적인 이론을 살펴보자.

운동을 하면
정말로 기분이 나아질까?

첫 번째 가설은 신경 전달 물질의 영향이라는 이론이다. 피트니스 업계에서 일하다 보면 엔도르핀과 관련한 이론을 꼭 한 번씩은 접하게 된다. 이 신경 전달 물질, 혹은 천연 뇌 화학 물질은 웃거나 섹스를 하는 등 즐거운 행위를 할 때 분비되어 쾌락을 느끼게 한다. 다쳐서 아플 때처럼 썩 유쾌하지 않은 상황에도 우리 몸은 엔도르핀을 대량 분비해서 불편함과 스트레스를 일시적으로 완화한다. 말하자면 운동은 엔도르핀 분비를 자극함으로써 스트레스와 불안을 낮추고 자존감은 향상시켜, 전반적으로 기분을 좋게 한다는 발상이다. 러너스 하이runner's high(달리다 보면 힘든 것이 줄어들며 갑자기 희열이 폭발하는 현상)가 여기 해당한다. 엔도르핀은 통증과 염증을 줄여서 전반적인 삶의 질을 개선하는 데 도움을 준다.

우울증과 운동의 관계를 다룬 연구에서 엔도르핀이 각광받는 건 사실이지만, 이런 신경 전달 물질이 엔도르핀에만 있는 건 아니다. 도파민과 세로토닌, 노르에피네프린을 두고 다른 가설도 제기됐다. 도파민은 쾌락 경험을 좌우하고 실행 기능, 기억, 기분, 수면, 스트레스를 조절하는 데 도움이 된다. 세로토닌은 기분을 안정시키고 우울과 불안 증상을 완화할 수 있다. 노르에피네프린은 투쟁 도피 반응(위급한 상황이 닥쳤을 때 맞서 싸울지 아니면 도피할지 결정하고 준비하는 자동적인 반응―옮긴이)에 중요한 역할을 하며 집중력과 전반적 기분을 개선하는 데 도움을 준다. 우울증을 겪는 사람들은 세 가지 호르몬이 모두 저조한 경우가 많다. 몸을 움직이면 신경 전달 물질을 자극하므로, 이 이론을 지지하는 사람들은 운동이 신경 전달 물질의 결핍을 메운다고 믿는다(최소한 우리는 신경 전달 물질이 이런 식으로 작용한다고 생각한다. 하지만 인간의 뇌는 놀라울 만큼 복잡하며 이 모든 연구가 아직은 진행형이다. 우리는 지금도 알아내려고 애쓰고 있고, 아마 평생 애써야 할 것이다).

두 번째 가설은 운동과 정신 건강의 관계가 뇌의 구조와 더 밀접한 관련이 있을 것이라는 점이다. 과학자들에 따르면 우울증이 자주 재발하는 사람들은 기분 조절을 담당하는 뇌 부위인 해마가 다른 사람보다 작은 편이라고 한다. 이 이론에서는 운동이 새로운 세포의 성장과 관련 영역의 연결을 촉진해 기분을 안정시킨다고 주장한다. 혹은 체열이 중요할 수도 있다. 운동으로 심부 체온이 상승하면 근육 긴장이 줄고 뇌 기능이 개선되기 때문이다. 이런 과정에서 우울과 불안 증세가 감소한다는 이론도 존재한다.

세 번째 가설은 심리적 요인이다. 운동은 성취감과 자기 효능감을 느끼게 해 준다. 우울증과 번아웃에 빠지면 스스로 쓸모없는 인간처럼 느껴지고 모든 게 불가능해 보인다. 하지만 몸을 움직일 때마다, 운동을 할 때마다, 그리고 목표를 달성할 때마다 이 거짓말은 조금씩 무너진다. 꼭 필요한 자신감을 북돋워 주는 한편 노력과 긍정적 결과의 관계를 알아차리게 해 준다. 운동은 괜찮은 대응 기제이며 골치 아픈 문제에서 관심을 돌릴 때도 유용하다. 어떤 운동을 선택하느냐에 따라 새로운 사회적 기회가 열리고 공동체 의식이 개선되기도 한다. 이런 요인을 하나라도 활용한다면 기분은 더 나아질 수 있다.

일부 전문가는 신체적 변화를 직접 목격했을 때 이런 효과가 생긴다고 말한다. 나는 이 말에 완전히 반대하는 건 아니지만 훨씬 조심스럽고 세심하게 접근해야 한다고 본다.

인간의 몸은 움직임에 반응해 온갖 놀라운 일을 해내지만, 우리 사회는 극히 제한적인 신체상과 신체 변화를 선호한다. 세상이 당신을 대하는 방식과 그 사회의 일원으로서 자신을 대하는 방식에 따라 운동으로 자기 몸에 일어나는 변화(사회가 선호하는 범위에 들어간다고 해도)를 다르게 느끼기 마련이다. 변화를 몸소 체험하고 그 과정에서 얻은 자신감이 정신 건강에 긍정적인 영향을 주겠지만, 신체의 변화를 어떻게 받아들이느냐는 사람에 따라 천차만별이다.

이 모든 이론 중에서 운동과 정신 건강의 관계를 올바르게 설명하는 건 하나도 없을지도 모른다. 신경과학과 생물학, 심리학, 사회적 요인이 뒤섞였거나 전혀 다른 무엇인가가 존재할 수도 있다. 사실 이 주제에 관한 우리의 지식은 '인세인 클라운 포시Insane Clown Posse(미국의 힙합 듀오—옮긴이)'가 자석을 이해하는 수준(〈기적Miracles〉이라는 곡에서 '망할 놈의 자석, 어떻게 생겨 먹은 거야?F***ing magnets, how do they work?'라고 노래했다—옮긴이)보다 낫다고 하기 힘들다. 다행히 운동이 뇌에 어떻게 작용하는지, 왜 기분이 좋아지고 이런 혜택을 경험하는지 정확히 이해할 필요는 없다.

이 연구 분야에서 가능한 한 최대의 정확도를 반영했을 때, 우리가 알 수 있는 사실은 '규칙적으로 몸을 움직이면 정신 건강에 긍정적인 영향을 줄 수 있다'는 것뿐이다. 특히 그 움직임은 굳이 많은 힘을 쓰거나 오랜 시간을 잡아먹을 필요는 없다. 한 번에 10분에서 15분쯤 적당히 노력하는 정도로도 변화를 일으킬 수 있다. 일부 전문가는 높은 강도로 오랫동안 운동하면 기분이 더 빨리 나아진다고 믿지만, 그것도 확실하지는 않다. 그 주장이 사실이라고 해도 그보다 더 중요한 건 꾸준함이다. 뭔가 불편하고 위험하며, 조금만 해도 힘든 활동을 30분 동안 하기보다는 즐겁게 할 수 있는, 최소한 견딜 수 있는 활동을 10~15분 정도 일주일에 몇 번씩, 꾸준히 하는 편이 훨씬 낫다.

뇌가 운동의 유형에 따라 다르게 반응한다는 증거는 존재하지 않는다. 여러 연구에서 유산소 운동과 근력 기반 운동을 비교한 결과 두 운동의 성과가 비슷하다는 사실을 발견했다. 굳이 전통적으로 운동이라고 보는 것만 선택할 필요도 없다. 수많은 연구에 따르면 꾸준한 신체 활동으로 기분을 개선할 수 있다. 그리고 신체 활동은 걷기부터 집안일, 정원일, 집 주변 산책, 절망에 빠져서 팔다리를 허우적대는 것까지 모두 포함한다.

기본적으로 당신에게 효과 있는 방식으로 몸을 꾸준히 움직이면 엉망진창인 기분이 나아지기 시작할 것이다.

글로 읽으니 단순해 보인다고 해서 실제로도 쉬운 것은 아니다. 그랬다면 당신이 이 책을 읽지도 않을 테고, 사실 이 책이 존재할 필요도 없다.

뇌는 왜 당신의 노력을
방해할까?

다양한 요인으로 인해 운동 루틴을 시작하고 유지하려는 노력이 수포로 돌아간다. 활동적인 삶을 지속하는 것을 어렵게 만드는 중요한 원인을 꼽는다면 바로 자신의 뇌다. 참 잔인한 역설이 아닐 수 없다. 신체 메커니즘을 제대로 이해하지 못한 채 운동에 도움이 되길 바라서 했던 행동이 운동하려는 노력을 원천부터 봉쇄하는 셈이다. 도파민 분비가 적으면 무감각하고 피곤해진다. 비정형 우울증atypical depression(이때 '비정형'이라는 건 교과서에 나오는 우울증의 정의와 다르다는 뜻이지 이런 우울증이 드물다는 뜻은 아니다) 역시 팔다리가 무겁고 극도로 움직이기 힘든 연마비leaden paralysis라는 증상을 일으킬 수 있다. 우울증은 수면 습관과 식욕을 망치기 때문에 에너지와 의욕을 더 빼앗아 간다. 그러면서 스스로를 엉망이고, 게으르고, 하는 일마다 되는 게 없다고 말한다.

불안은 온갖 비생산적인 방식으로 표현된다. 신체 활동을 했을 때 나타나는 반응이 공황 발작 증상과 똑같이 느껴지기도 한다. 나는 불안 증상이 가장 심할 때 전력 질주를 해서 증세를 누그러뜨리곤 한다. 심장 박동이 빨라진 이유를 알고, 어느 정도 그 증상을 스스로 제어한다는 느낌이 나를 현실에 붙들어 둔다. 하지만 운동을 하다가 이렇게 지나치게 친숙한 증상과 마주치면 상태가 나빠지는 사람들도 있다. 그나마 운동이 혼란스럽고 불쾌한 정도로 끝나면 다행이고, 최악의 경우 운동 자체를 견딜 수 없어진다. 사회적 상황과 건강, 부상 위험, 고통, 익숙하지 않은 신체적 감각이 주는 불안은 운동하려는 욕구와 능력을 저해한다.

다른 신경 발달 장애에도 각각 고유한 문제가 딸려 있다. ADHDAttention Deficit Hyperactivity Disorder(주의력 결핍 과잉 행동 장애)가 있는 사람들은 계속 운동에 의욕을 느끼고 집중할 수 있게 적당한 자극을 주는 대상을 찾기가 쉽지 않다. 자폐 스펙트럼 장애가 있으면 새로운 일을 시작하거나 기존 활동과 방식을 바꾸는 것을 그리 좋아하지 않는다(나 역시 운동을 준비하고 시작하기까지 많은 시간과 정신적 에너지를 쏟았다. 운동을 끝내고 나머지 일과로 돌아올 때도 똑같이 노력해야 했다). 두 집단 모두 감각 예민도나 협응(근육과 운동 기관, 신경 기관 등이 서로 연결해서 움직이는 신체 조절 능력―옮긴이) 문제를 겪기 쉽다. 일부는 비현실적인 목표를 세우는 경향이 있다. 준비되지 않은 상태로 운동에 뛰어들었다가 몸과 연약한 자존감은 물론 미래에 운동을 다시 시도해 볼 욕구마저 다치곤 한다.

운동하는 것을 힘들게 하는 뇌 문제는 꼭 공식 진단을 받아야 유효한 건 아니다. 당신이 겪는 일에 이름을 붙이거나, 이게 무슨 상황인지 남의 생각을 물어볼 필요도 없다. 이 세상에서 살아남으려고 노력하는 자체가 우울하고, 부담스럽고, 지칠 이유로 충분하다.

물론 뇌와 몸은 분리할 수 없으며 운동으로 기분을 개선하고 싶어도 몸이 감당하지 못하는 경우도 있다. 신체 건강이 좋지 않으면 자신에게 맞는 운동과 적당한 변형 방법을 찾아야 한다. 무엇이 효과가 있는지 공부하고 필요한 만큼 실천하고 시간을 쓰다 보면 정신적 부담은 더 커지기 마련이다.

운동 방식을 대폭 조정하거나 아예 운동 자체를 하지 말아야 할 수도 있다. 사회는 운동이 누구에게나 무조건 좋다는 식으로 표현하지만 현실은 좀 더 복잡하다. 예를 들어 만성 질환인 근육성 뇌척수염myalgic encephalomyelitis이나 만성 피로증후군chronic fatigue syndrome(아무리 쉬어도 극심한 피로를 느끼는 현상이 6개월 이상 지속하는 질환—옮긴이)은 운동으로 악화하기도 한다. 그래서 피트니스 전문가들은 꼭 이런 말을 한다. "운동 프로그램을 시작하기 전에 의사와 상의하세요." 나도 이런 방식을 추천하지만, 수많은 만성 질환 환자와 일하고 관심을 가지다 보니 이들에게 관심을 가지고 올바른 조언을 할 수 있을 만큼 지식이 풍부하고 공감할 줄 아는 의학 전문가와 교류하는 게 쉽지 않다는 사실도 잘 알고 있다. 그래서 만성 피로증후군 및 만성 질환 커뮤니티에서 정보와 도움을 구하라고 권한다.

앞서 소개한 증상에 하나라도 해당한다면(그런 사람이 한둘이 아니겠지만) 운동을 시작하면 상황이 복잡해지는 데다 벅차고 피곤해지기만 한다. 우리는 기본적으로 게임 캐릭터와 비슷하다. 건강 수치는 거의 다 닳아 버렸다. 건강 수치가 바닥이라서 에너지를 높이려면 하기 힘든 일을 계속해야 한다. 부정적인 혼잣말만 끊임없이 배경 음악으로 흘러나온다.

외부 영향이
운동을 힘들게 한다

하지만 문제는 우리의 몸과 정신이 아니다. 기분을 개선하려는 그 노력(운동)에 저항하는 게 몸과 정신이라고 해도 마찬가지다. 나는 외부와 단절된 상태라면 지나친 좌절과 고통 없이 필요한 문제를 해결하고 삶을 풍요롭게 해 줄 운동을 찾을 수 있다고 믿는다. 하지만 중립적인 환경에서 이런 활동을 하는 건 불가능에 가깝다. 우리가 살아가는 사회는 근본적인 문제를 안고 있으며 직업윤리와 몸, 건강에 관해 해로운 메시지를 쏟아붓기 일쑤다. 산업은 이익만 추구하고, 부정적 메시지를 이용하며, 개인이 자기 관리를 위해 할 수 있는 모든 일을 차단한다.

우리는 이런 경험으로 얻은 무거운 짐, 아니 트라우마를 짊어지고서 이 유독 폐기물을 헤치고 나아가야 한다.

우리 사회는 의심할 여지도 없이 인종 차별과 성차별, 계급 차별, 장애인 차별, 비만 혐오로 부패했다. 우리가 태어나는 순간부터 자신과 서로에 관한 온갖 거짓말이 난무한다. 예를 들어 보자.

- 고된 노력은 원래 훌륭하다. 심지어(특히) 당신을 다치게 하더라도 말이다.
- 쉬는 건 게으른 행동이므로 나쁘다.
- 세상에는 완벽한 몸이 존재한다. 이때 완벽의 기준은 극도로 엄격하지만 누구나 열심히 노력하면 달성할 수 있다.
- 완벽한 건강도 존재한다. 단련하고 충분히 노력하면 누구나 얻을 수 있다.
- 어떤 대가를 치르더라도, 심지어 둘을 서로 희생하더라도 이상적인 몸과 건강을 달성하는 건 도덕적인 의무다. 이것이 모순이거나 불가능해 보인다면 충분히 노력하지 않거나 변명거리를 찾는다는 뜻이다.

- 순수한 행복을 추구하는 게 다른 사람보다 유독 힘든가? 이유는 환경이 달라서가 아니다. 당신이 게으르기 때문이다. 변명은 그만해라(다른 사람이 당신보다 힘들어하는 이유는 당신만큼 열심히 하지도, 우수하지도 않기 때문이다. 창피한 줄 알라).
- 피곤하다는 건 좋은 현상이다. 피곤할 때까지 일하는 게 당연하니까. 하지만 나쁜 현상이기도 하다. 당신이 나태하고 건강하지 못하다는 뜻이기 때문이다.
- 참, 당신의 몸은 보기 싫다. 부끄럽게 생각해라.

학창 시절에는 이런 사고를 가진 체육 교사에게 수업을 들어야 한다.

대부분의 사람들에게 학교 체육관이란 운동 경기나 피트니스, 운동 요법, 건강 분야에 경력을 쌓았거나 관심이 있는 교사들이 스포츠 기술을 몇 가지 알려 준 다음 끝없는 경쟁에 밀어 넣는 곳이다. 아이가 몸을 움직이면서 느꼈던 즐거움은 모조리 없애 버리고서 정서가 불안한 십 대의 엉덩이에 막대한 스테로이드를 주입한다. 공을 친구나 허공을 향해 던지는 데 썼던 시간을 우리 몸이 어떻게 작용하는지, 몸을 쓰면 왜('어떻게'까지는 바라지도 않는다) 기분이 좋아지는지를 배우는 데 썼다면 얼마나 유익했을까.

체육관에서 멋진 기량을 뽐낸 아이들은 신체 기술과 능력은 타고난 재능이며 더 이해할 필요도, 유지하거나 돌볼 필요도 없다고 배운다.

나이가 들면서 자존감이 점차 낮아지며 자기가 잘 모르거나 못하는 분야가 나오면 신체적으로 어려움을 겪기 시작한다. 체육에 서툴렀던 아이들은 더 심하다. 신체 능력이나 운동 신경은 그들이 절대 이룰 수 없는 선천적 재능이며 해 보겠다고 시도했다가는 굴욕과 난도질에 희생될 뿐이다.

(내가 9학년일 때, 귀차니즘이 심했던 한 선생님은 우리를 포기하고 체력 단련실로 데려가서는 〈옛 히트곡으로 땀 흘리기Sweating to the Oldies〉라는 테이프를 틀어 주고 마음대로 하라며 내버려 뒀다. 1990년대 중반의 냉소적 십 대였던 우리는 평소처럼 심드렁한 태도로 시작했지만 결국 진심으로 빠져들었다. 춤을 추고, 킥킥대기도 했다. 농구 시간에 내 얼굴이 마음에 안 든다며 날 공격했던 여자아이도 그 시간엔 내게 웃음을 보였다. 돌이켜 보면 유치원을 졸업한 이후로 다른 아이와 경쟁하지 않았던 체육 시간은 그때가 처음이었다. 그 시간은 무척 즐거

웠다. 그런 기회가 자주 있었으면 어땠을지 가끔 궁금해진다.)

경쟁적인 학교 체육을 겪는 것만으로 평생 몸을 움직이는 데 흥미를 잃어버리는 사람들도 있다. 이들이 필수 체육 과정을 완수하자마자 운동을 그만두는 것도 충분히 공감이 간다. 계속 운동하거나 용기를 내서 다시 시도하는 사람들은 전반적인 피트니스 문화, 특히 성장기에 생긴 모든 상처에 소금을 뿌리는 피트니스 산업의 문화를 견뎌야 한다. 더 정확히 말하면 피트니스 산업은 상처를 확 벌린 다음 단지에 든 소금을 모두 쏟아부으면서 나트륨을 많이 섭취한다고 창피를 주는 존재다.

피트니스 업계에도 무척 괜찮은 사람들이 존재한다. 환상적인 성과를 달성하게 도와주는 좋은 운동도 있다. 내가 아주 유용하게 활용했던 서비스와 제품도 있다. 사실 지금까지 피트니스 업계는 뚜렷하게 개선돼 왔다. 이 업계가 덜 엄격하고, 더 포용할 수 있도록 훌륭한 트레이너와 인플루언서들이 보이지 않는 곳에서 노력한 덕분이다. 하지만 그렇지 않은 사람과 운동, 제품도 넘쳐난다. 사실 훌륭한 사람들도 건강과 웰니스에 관해 해로운 의견을 쏟아붓는 사람들과 같은 세계에 존재하며, 애초에 우리와 몸, 운동의 관계를 파탄 냈던 학교 체육 교육을 함께 받았다.

몸이 움직이는 원리는 학창 시절 내내 받았던 체육 수업보다 일반적인 트레이닝 수업이나 다른 운동 자료에서 더 많이 배운다. 사회 체육 문화가 훌륭해서라기보다는 학교 체육 수업이 형편없었기 때문이다. 당신은 지금도 누군가로부터 그 몸을 한계 이상으로 밀어붙이라는 얘기를 듣고 있고, 무슨 이유로든 몸이 싫어졌을지도 모른다. 우리는 자기 몸을 함부로 다루고, 협력하기보다는 맞서고, 적이나 말 안 듣는 아이처럼 대한다.

일과 휴식, 음식, 건강에 관한 형편없는 교훈은 피트니스 문화에서 극단으로 치닫는다. 완벽한 몸의 기준은 갈수록 엄격해지며, 그 몸을 얻을 수 있게 도와준다는 소위 완벽한 운동은 끊임없이 바뀐다. 완벽함에 미치지 못하면 무엇이든 실패로 간주한다. 경쟁과 비판이 난무한다. 우리가 예전에 시달리던 불안은 이런 터무니없는 생각과 가혹한 분위기에 더 고조되며, 회원권과 상품을 팔려는 회사와 개인에게 이용된다. 이들이 우리에게 팔려고 하는 건 대부분 체육 성적이 우수했던 사람들이 설계하고 구현한 것들이다. 그들도 자기 문제를 안고 있으며, 우리 같은 사람들의 체육 수업이 어땠는지는 잘 알지 못한다.

우리는 최고의 운동과 식단, 몸을 찾겠다는 피트니스 산업의 끝없는 집착에 휩쓸린다. 그 세계에서 '최고'를 구성하는 골대는 끊임없이 변화하며 혼란을 불러일으킨다. 어느 해에는 유산소였다가 다음 해에는 또 다른 것이 유행한다. 둔근의 이상적인 크기도 계속 변한다. 심지어 이상적인 골반저 근육 조임에 대한 기준도 일정하지 않다. 이런 유행은 불안과 우울증이 있는 사람들에게 특히 비생산적이다. 불안 장애가 있으면 지나치게 충돌하는 정보와 너무 많은 선택지 앞에서 얼어붙는다. 우울증이 있으면 그냥 포기하고 싶어진다. 결과가 별로 좋지도 않을 텐데 굳이 시도할 이유가 없기 때문이다.

피트니스 업계에도 이런 나쁜 습성이 존재한다. 완벽하고 문제없는 것들을 마구잡이로 부풀리고 위기감을 조성해 거짓 약속을 기반으로 쓰레기를 판매한 다음, 실패하면 개인에게 책임을 떠안긴다. 그러고 나면 거창한 약속을 더 세게 밀어붙이고, 실패했다고 느끼는 마음을 이용해서 새 제품을 팔아먹는다.

예를 들어 우리가 운동을 시작하는 계기였던 (올바른) 주장을 이들이 어떻게 이용했을까?

"운동은 불안과 우울증 감소에 도움이 될 수 있다."

얼마나 멋진 말인가! 불안이나 우울, 저조한 기분 때문에 고생해 본 사람이라면 기분이 좋아지는 즐거운 활동은 그 자체로 기적이나 마찬가지다. 하지만 '감소에 도움이 될 수 있다'는 말은 피트니스 세계에서 '치료'로 왜곡된다. 이 산업에 종사하는 수많은 사람이 계속 이 말을 이용해서 당신을 괴롭히는 모든 것을 고쳐 준다며 새 운동과 장비를 들이댄다. 우울하고 불안한 사람들은 이런 병을 전혀 알지도 못하면서 약과 치료를 중단하고 아령을 들라고 말하는 사람들에게 휘둘려야 한다. 참견하기 좋아하는 사람들이 요가는 해 봤냐며 짖어 대는 것은 덤이다.

(이 책에서 약을 언급하는 건 이번뿐이다. 내 전문 분야가 아닌 데다 내가 하는 일과 관계가 없기 때문이다. 피트니스 전문가나 트레이너가 약을 먹으라거나 먹지 말라고 하는 말은 믿어선 안 된다.)

"스쿼트를 해도 고통이 사라지지 않는다고? 그래도 운동은 복잡한 개인적·사회적 문제를 해결하는 만능 해결책이다. 고통이 그대로인 이유는 당신이 노력하지 않았거나 제대로 수행하지 않았기 때문이다. 아니면 잘못된 운동을 하고 있거나 적합한 운동을 찾으려고 충분히 노력하지 않았을 것이다. 어느 쪽이든 모두 당신의 잘못이며 더 노력하면서 이 완벽한 새 운동을 시도해야 한다. 아직도 기분이 나아지지 않았다니 참 이상하군. 이 게으르고 한심한 인간!"

트레이너를 고용할 때도, 수업을 들을 때도, 운동을 시도할 때도, 자원을 활용할 때도, 롤 모델을 우러러볼 때도, 도움을 구할 때도 이런 상황에서 100퍼센트 자유로울 수는 없다. 각계각층에서 많은 이가 건강에 관한 해로운 교훈을 떨치고 피트니스계에 더 생산적인 프로그램과 포용적 공간을 구축하려고 고군분투하고 있다. 하지만 이런 사람들이 하는 일을 알아보고 무엇이 당신에게 가장 적합한지 찾으려면 상당한 노력이 들어간다. 그리고 이런 노력은 이미 힘든 상황에 더 큰 스트레스로 이어지기 쉽다.

기존 피트니스 산업의 방법으로 효과를 보는 사람도 있다. 누군가는 어려움을 딛고 성공하기도 한다. 본인에게는 참 좋은 일이다. 피트니스 업계에서 진정 자신과 맞는 운동을 발견하는 것도 불가능하지는 않다. 나는 그렇게 해낸 사람들에게서 아무것도 빼앗고 싶지 않으며 지금도 노력하는 이들의 의욕을 꺾고 싶지 않다. 하지만 누군가가 그렇게 하지 못한 것을 힘들어하는 것도 원치 않는다. 상황이 아무리 엉망이라고 해도 절대 극복할 수 없는 건 아니다.

변명하지 마

힘든 운동을 못 하겠다는 변명은 통하지 않는다는 말을(비슷한 맥락에서 열심히 운동하지 않으면 변명의 여지 없이 자책해야 한다는 말도) 들어봤을 것이다. 사실은 그 반대다. 무엇이든 타당한 변명이 될 수 있다. 자신에게 관대해지려면 최소한의 고통을 견뎌야 한다는 것은 사실이 아니다. '진짜' 문제 때문에 운동을 시작하기 어려운 사람과 그냥 게으르고 모자란 사람을 구분하는 명쾌한 선도 존재하지 않는다. 운동에 접근하는 유명한 방법들은 많은 사람을 온갖 이유로 좌절하게 하고 소외감을 느끼게 한다. 그 이유는 모두 타당하다. 게다가 운동을 시작하겠다고 이렇게 정신적으로 아프고 고생할 필요는 없다.

나도 우울증과 불안 장애가 있고 이런 문제를 자주 얘기하지만, 우울증과 불안 장애 진단을 받은 사람들만 여기서 도움을 받을 수 있는 건 아니다. '단순히' 슬프고, 걱정되고, 마음이 무거울 뿐이라고 해도 이 책에서 조언하는 대로 행동하면 효과를 볼 수 있다. 몸이 조금 안 좋아서 운동을 하루 빠진다고 세상이 망하지는 않는다. 당신은 누구에게나 필요한 휴식(293쪽부터 이 주제로 한 장을 할애했다)을 할 뿐이며 운동이 단순히 고되거나 벌받는 일이 아니라고 믿게 된다. 둘 다 당신의 뇌에 도움이 될 가능성이 크다.

당신은 약하거나
게으르지 않다

적절한 신체 활동을 찾아내서 시작하고, 꾸준히 유지해 삶과 기분을 개선하는 게 힘든 이유는 그 과정 자체가 무척 어렵고 기운 빠지기 때문이다. 게다가 이 과정에서 자신도 모르게 우울과 불안이 심해지고 고장 난 사회가 당신에게 주입한 자기 인식(자신의 강점과 약점, 신념, 성격을 깨닫는 일—옮긴이)이 강해질 수 있다.

한 걸음 내딛으려고 할 때마다 과거 모든 경험의 무게를 지탱하는 건 벅찬 일이다. 평생 머릿속을 떠다녔던 해로운 메시지를 떨쳐 내기도 어렵다. 당신의 노력에 도움이 되고 상태를 악화하지 않는 운동과 지침, 커뮤니티를 찾기도 힘들다. 정신 건강이 완벽할 때도(그런 게 존재하는지 의문이지만) 이 모든 건 쉽지 않은 일인데 그렇지 않다면 훨씬 어려워진다.

이건 변명이 아니다. 100퍼센트 타당한 해명일 뿐이다.

나는 우울과 불안이 얼마나 자신을 의심하고 비난하게 하는지, 당신의 삶을 경험한 적 없는 수많은 이가 얼마나 파렴치하게 당신을 의심하고 비난하는지 잘 안다. 당신은 지금 겪는 일이 그저 머릿속에서 벌어지는 일이 아니며, 자신을 믿어도 된다고(혹은 다른 사람에게 닥치라고 해도 된다고) 외부에서 누군가 허락해 주길 바랄 것이다.

피트니스 분야에서 전문적이고 탄탄한 배경을 쌓았고, 지독한 우울과 불안에 시달리면서도 운동해 온 내가 전문가로서 단언한다. 필요하면 이 책을 사용해라. 필요한 만큼 여러 번 다시 사용해라. 그리고 도움이 된다면 당신을 힘들게 하는 사람들의 면전에 이 책을 집어던져라.

- 운동과 관련한 당신의 문제는 실제로 존재한다.
- 당신은 약하거나 게으르지 않다.

- 과잉 반응을 하는 게 아니다.
- 당신은 최악이 아니다.
- 모든 지구인이 쉽게 하는 일을 당신만 특별히 못하는 건 아니다.
- 당신만 겪는 문제는 절대로 아니다.

그리고 당신은 고립되지 않았다. 몸을 움직이는 것, 혹은 몸을 움직이려고 용기를 내는 것이 항상 이렇게 힘들지는 않을 것이다. 지금 느끼는 기분이 평생 지속될 리도 없다. 이 모든 거짓말을 조금씩 떨치고 그들이 남긴 상처를 치유하고, 그 상처가 있던 자리를 실제로 도움 되는 것으로 채울 수 있다.

내가 허락하고 격려할 테니, 이를 달성하는 데 방해되는 운동 관련 조언이나 제안, 아이디어를 모두 무시해라. 우리의 목표는 지금보다 기분이 좋아지는 것이다. 조금이라도 개선을 망치거나 기분을 저조하게 하는 운동은 공식적으로 금지한다.

건강과 피트니스를 두고 훈계하는 말은 모두 흘려버려라. 잘빠진 몸매가 원래 좋은 거라는 법은 없다. 절대적이고 이상적인 웰니스의 기준이 있다고 한들 그걸 달성할 의무가 있는 것도 아니다. 애초에 그런 기준은 존재하지 않으니 걱정하지 않아도 된다. 다른 사람이 생각하는 웰니스의 의미, 외모와 기분, 해야 할 일 따위에 맞춰 자신을 일그러뜨리려고 노력할 의무도 없다.

운동을 '반드시' 해야 할
필요는 없다

완벽이라는 개념을 포기하는 과정이야말로 가장 중요하면서도 힘든 단계다. 완벽한 운동은 하는 모습을 상상했을 때 즐거워지는 운동이다. 이런 목적에 부합한다면 무엇이든 고려할 가치가 있다. 그 밖의 모든 요소는 잡음일 뿐이다. 당신에게 유익한 정보와 메시지만 유지하고 나머지는 갖다 버려라. 이 책에서 하는 조언도 마찬가지다. 기분이 좋아지는 운동만 받아들이면 된다. 진심이다. 운동을 반드시 '해야 할' 필요는 없다. 그냥 재미 삼아 이 책을 읽어도 좋다.

새 운동이나 훈련법을 계획할 때마다 왜 하고 싶은지 생각해 보자. 건강을 위해서? 훌륭하다. 예전에 좋아했던 운동이고, 이 비참한 기분과 관성을 이겨내고 끝까지 해냈을 때 즐거울 것 같아서? 그것도 좋다. 하지만 '해야 한다'고 생각해서, 혹은 자신을 벌하는 결과밖에 안 된다면 전혀 효과 없다. 시도 자체의 위험성보다 장점이 더 큰 계획을 하나도 세울 수 없다면 하지 말아야 한다. 아예 운동과 관련한 생각을 접어 뒀다가 며칠 후에 생각이 바뀌는지 확인해 보자. 운동을 생각하기만 해도 더 불안하고 우울해진다면 운동이 불안 장애와 우울증에 도움이 될 수는 없다.

어쩌면 당신은 앞으로 평생 세뇌에서 벗어나야 할지도 모른다. 그만큼 우리 사회에는 웰니스와 관련한 허튼소리가 만연하기 때문이다. 하지만 당신이 이 말도 안 되는 거짓을 깨달을 때마다, 거짓말을 견딜 필요가 없다는 사실을 기억할 때마다 평생에 걸쳐 짓눌러온 자괴감을 조금씩 덜어 낼 수 있을 것이다. 그렇게 자신에게도 좀 더 관대해지길 바란다.

건강과 관련한 잘못된 정보를 거부하고 올바른 정보를 받아들이는 필터를 구축하며, 나쁜 정보가 가져올 폐해를 최소화하는 건 근육이나 심혈관 기능을 키우는 과정과 상당히 비슷하다. 구축하고 유지하려면 수없이 반복해야 한다. 하지만 노력할 때마다 조금씩 더 강해진다. 이 책에서는 올바른 운동 방법 구축을 위해 일반적인 트레이닝 원칙에서 어떻게 관점을 바꿔야 하는지 제안할 예정이다.

지금까지의 이야기가 소화하기 힘들고 벅차다면 한 가지 사실만 기억하자. 이 장에 소개하는 내용 중에 새로운 건 아무것도 없다. 다만 당신의 정신 건강에 맞는 신체 활동을 찾고, 시작하고, 유지하려 할 때 맞닥뜨리게 될 온갖 장애물을 이런 식으로 설명한 책은 처음일지도 모른다. 이 모든 고난은 지어내지 않은 현실이며 유독 당신이 지나치게 예민하거나 게으른 건 아니라고 누가 이렇게 장담한 적도 없을 것이다. 하지만 내가 하나하나 파헤친 내용은 이미 당신이 살아가는 현실이다. 그 모든 어려움에도 불구하고 당신은 어떤 이유에서든 이 책을 집어 들고 뭔가 시도하려 한다. 지금도 잘하고 있다는 뜻이다.

내게 맞는 운동 찾기

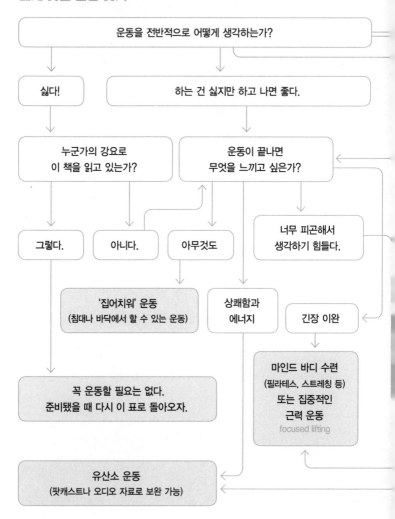

운동을 전반적으로 어떻게 생각하는가?

싫다!

하는 건 싫지만 하고 나면 좋다.

누군가의 강요로
이 책을 읽고 있는가?

운동이 끝나면
무엇을 느끼고 싶은가?

그렇다.

아니다.

아무것도

너무 피곤해서
생각하기 힘들다.

'집어치워' 운동
(침대나 바닥에서 할 수 있는 운동)

상쾌함과
에너지

긴장 이완

꼭 운동할 필요는 없다.
준비됐을 때 다시 이 표로 돌아오자.

마인드 바디 수련
(필라테스, 스트레칭 등)
또는 집중적인
근력 운동
focused lifting

유산소 운동
(팟캐스트나 오디오 자료로 보완 가능)

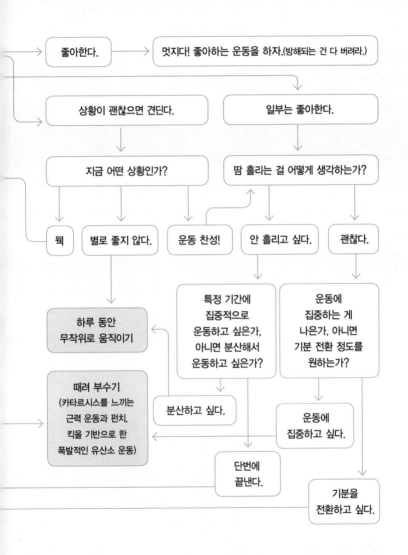

좋아한다. → 멋지다! 좋아하는 운동을 하자.(방해되는 건 다 버려라.)

상황이 괜찮으면 견딘다.

일부는 좋아한다.

지금 어떤 상황인가?

땀 흘리는 걸 어떻게 생각하는가?

웩

별로 좋지 않다.

운동 찬성!

안 흘리고 싶다.

괜찮다.

하루 동안 무작위로 움직이기

특정 기간에 집중적으로 운동하고 싶은가, 아니면 분산해서 운동하고 싶은가?

운동에 집중하는 게 나은가, 아니면 기분 전환 정도를 원하는가?

때려 부수기 (카타르시스를 느끼는 근력 운동과 펀치, 킥을 기반으로 한 폭발적인 유산소 운동)

분산하고 싶다.

운동에 집중하고 싶다.

단번에 끝낸다.

기분을 전환하고 싶다.

2장

일단 이불을 걷고
일어나라

자꾸 눕고만 싶을 때 몸을 움직이는 법

Work It Out

나는 2000년대 초반에 개인 강사 트레이닝 코스를 수강했는데, 당시 그 코스의 강사는 내게 "피트니스 트레이너를 찾아오는 고객은 대부분 자신의 몸을 움직이지 않아서 생기는 불편함이 한계에 도달한 사람이다"라고 가르쳤다. 하지만 그 이후 15년간 트레이닝 일을 하면서 그런 한계가 정말로 있다는 근거를 찾지 못했다. 솔직히 이런 식으로 행동과 비행동을 구분하고, 이 이론에 맞춰 훈련법을 개발하는 자체가 잘 봐줘도 잘못된 방법이며, 학창 시절 체육 성적이 우수했던 사람이 대부분의 피트니스 프로그램을 설계하고 운영한다는 사실을 보여 주는 또 다른 증거라고 생각한다. 최악의 경우는 피해자에게 책임을 전가하고 잘난 척하는 말장난이다. "아니, 아직 운동을 시작하지 않았다고요? 아직 덜 힘든가 봐요!"

누군가 살면서 밑바닥을 쳤고, 바닥을 기며 사느니 그나마 운동하는 게 낫다고 판단했으며, 운명적인 운동을 경험한 후 영원히 행복하게 살았을 가능성이 없다는 건 아니다. 하지만 이런 일은 나는 물론이고 나와 함께 일했던 그 누구에게도 벌어지지 않았다. 가끔 살기 위해 버티는 게 버피 100개를 하는 것보다 힘들 때가 있지만, 그것이 운동의 충분한 동기가 되지는 않는다.

그래서 나는 다른 이론을 제안한다. 시작하는 건 분명히 힘든 일이다. 운동하러 가기 전에 얼마나 기분이 저조한지, 하고 나면 얼마나 기분이 좋아지는지를 알아도 힘들다. 출발선 양쪽에 무엇이 있든 상관없다. 이 출발선을 넘는 자체가 극도로 힘들기 때문이다.

이 이론은 운동뿐만 아니라 무언가를 시작할 때마다 적용된다. 침대에서 일어나 하루를 시작하는 사소한 일부터 새 프로젝트에 착수하거나 인생에서 중요한 변화에 돌입하는 거창한 일을 할 때도 마찬가지다. 어느 쪽이든 먼저 당신이 하려는 일을 파악하고 미루는 버릇, 실패에 관한 두려움, 낯선 일에 대한 불안, 에너지 부족, 그 밖에 온갖 결핍에 이르기까지 모든 복잡한 조합을 관리해야 하며, 이 첫 단계를 밟으려면 관성을 극복해야 한다.

일반적인 운동 요법에는 시작해야 할 일들이 넘쳐 난다. 먼저 일반적인 의미의 신체 활동을 시작해야 한다. 그리고 그 단계를 넘으면 이제 개별 운동을 시작해야 한다. 어떤 운동을 선택하느냐에 따라서 여러 세트를 반복해야 할 수도 있다. 상황이 괜찮을 때는 이 모든 과정이 약간 기운 빠지는 정도에 그치겠지만, 우울할 때는 넘을 수 없는 산이 되기 일쑤다. 나이키 슬로건(그냥 해라Just Do It—옮긴이)을 아무리 외쳐 봤자 그냥 하는 게 쉬워지지는 않는다.

이 이론을 기반으로 아래 실행 목록을 순서대로 실천해 보자.

- 성공적으로 시작할 때마다 스스로 잘했다고 칭찬해라. 뭐든 필요한 만큼, 최대한 사소한 것까지도 구체적으로 자신을 칭

찬하고 스스로 할 수 있다는 걸 떠올려라. 오늘 당신은 자리를 걷고 일어났다. 그 사실이 중요하다. 이 책을 읽기로 했고 지금 읽고 있다. 얼마나 경이로운가.

- 시작하는 게 힘들면 잠깐 쉬어 가라. 정말 힘든 일이 맞으니까.

- 무엇인가 비교적 쉽게 시작했다면 지금보다 훨씬 어렵게 느껴지기 전에 잠시 멈추자. 당신은 이 일이 힘들다는 사실을 이미 알고 있다. 예전에 해냈다니 정말 대단하다. 그렇다고 쉽다는 뜻은 아니며, 당신의 능력은 정상적인 이유로 얼마든지 요동칠 수 있다. 지금 시작하려는 일이 당신과 맞지 않거나, 다른 접근 방식이나 외부의 도움이 필요할 수도 있다. 문제가 무엇이든 당신의 본질과는 상관없다.

- 시작하려는 일(들)을 잘게 분해해라. 감당할 수 있다고 느껴질 때까지 작게 나눠라.

- 감당할 수 있는 작은 덩어리를 시도할 때 장벽이 존재한다면 제거하거나 최소화해라.

- 행동으로 옮겨라.

- 성공하면, 자신을 칭찬해라.

- 지금도 힘들다면 잠깐 쉬어 가자. 물론 엄하게 다그치는 편이 잘 맞는 사람도 있겠지만 막말을 듣고 동기 부여가 됐다면 지금쯤 일(소설 집필이나 식사 준비도)은 다 끝냈을 것이다. 좀 더 부드러운 접근법을 시도해 보는 건 어떨까?
- 할 일을 필요한 만큼 다시 분류하고 재구성해라. 규모나 방식이 당신과 안 맞는 구석은 없는가? 그 일을 생각하다 보면 어떤 이유에선가 직접 대면하기 껄끄러워지는가? 잠깐 멈춰라. 멈춤이 필요하다고 해서 자학하지 말고, 출발선을 넘어 가려면 어떤 변화가 도움이 될지 생각해 봐라.
- 준비가 되면 다시 시도해라.

개별 운동을 세분화하는 방법은 4장 '운동을 잘게 쪼개라'에서 자세히 다룬다. 그 전에 이 장에서는 첫 단계부터 마지막 세트까지, 큰 그림부터 시작해서 실용적인 일상 문제를 해결하기까지 전체 요소에 어떻게 접근해야 할지 집중적으로 살펴볼 것이다. 모든 요소가 모든 독자에게 유용한 건 아니다. 당신이 처한 환경, 주변과 얽힌 방식에 따라 일부는 정확히 반대로 작용할 수도 있다. 그때마다 어떤 부분을 건너뛰어야 할지 귀띔할 것이다. 왜 당신에게는 어디가 좋지 않은지, 어느 곳을 다시 살펴봐야 할지 안내할 예정이다.

먼저 일반적인 관점에서 어떻게 운동을 시작하는지 들여다보자. 시작할 수 있는 다양한 방법을 소개하고 어떤 유형의 사람들이 이에 가장 적합한지, 내가 제안하는 방식이 와닿지 않거나 불가능하게 느껴진다면 어떻게 해야 하는지도 설명할 것이다. 이 장에서는 뭔가 대단히 획기적인 내용을 소개하지는 않는다. 다시 말하지만 운동은 전혀 새롭지 않다. 헬스장이 어떤 곳인지 다들 잘 알고 있다. 하지만 운동을 계획하면서 이렇게 미리 전반적으로 살펴보는 것은 도움이 될 것이다. 그러면 내가 무엇을 찾고 있는지, 어디서 찾아낼 가능성이 큰지 명확히 알 수 있다. 피트니스를 내게 맞춰야지 나를 피트니스에 맞춰서는 안 된다는 사실을 다시 확인하는 훌륭한 정신 훈련이기도 하다.

그다음 각 운동을 어떻게 시작하는지, 이런 조언이 당신에게 충분하지 않다면 어떻게 해야 하는지도 알아본다.

나를 운동에 맞추지 말고
운동을 나에게 맞춰라

계획하는 과정에서 의욕이 생기는가? 새로운 일을 시작할 때 가능한 선택지와 시나리오를 하나하나 전부 검토하는 편인가? 지금부터 운동에 접근하는 새롭고 개선된 방식을 분해해 보자. 지금 당신이 정신적으로 장기 계획을 세우거나 미래를 생각하는 것 자체가 부담스럽고, 힘이 나기는커녕 얼어붙을 것 같다면 이 장을 건너뛰고 그 문제를 다루는 83쪽 '일단 저질러라'로 넘어가길 바란다.

아주 넓은 의미에서 구조나 계획이 포함된 운동을 시작하는 방법에는 두 가지가 있다. 새로운 서비스나 제품(혹은 둘을 결합한 상품)에 돈을 내거나 당신이 이용할 수 있는 자원을 조합하는 방법이다. 전자는 헬스장 회원권, 강좌, PT 수업, 홈 트레이닝 용품, 운동 콘텐츠 서비스를 제공하는 기기(펠로톤Peloton, 미러Mirror 등)(펠로톤: 가정용 운동 장비 회사로 실내 자전거, 러닝머신 등을 판매하며 장비에 부착한 터치스크린을 통해 운동 강좌를 함께 제공한다, 미러: 홈 피트니스 플랫폼으로 거울 형태의 화면에 나오는 트레이너의 강의와 동작을 따라 한다 ─ 옮긴이)에 투자하는 방법이다. 후자는 아파트나 동네 헬스장, 야외 공간, 집이나 침대의 여유 공간, 유튜브를 포함한 스트리밍 사이트의 운동 영상, 함께 운동할 친구, 예전에 구매한 운동 장비, 운동용으로 사용했던 물건(나는 처음에 수프 캔으로 근력 운동을 했다), 그리고 당신의 몸을 조합하면 된다.

두 접근법에는 각각 장단점이 존재한다. 이제 기본적인 장단점을 살펴보면서 어느 쪽이 당신의 목표와 필요에 가장 부합하는지 확인하자.

투자하기

가격은 문제가 되지 않거나, 구입한 제품의 가격만큼 충분히 가치를 뽑아낼 수 있다면 이 방법이 좋은 선택지가 될 수 있다. 하지만 회원권이나 트레이닝 장비에 드는 돈을 감당하기 힘들거나 과연 제대로 된 투자인지, 운동에서 충분한 가치를 얻을 수 있을지 걱정되는 정도가 운동으로 얻는 안정을 넘어선다면 다른 선택지로 넘어가라. 세상에는 뇌와 몸에 똑같이 좋은 효과를 내면서도 주머니 사정과 마음의 평화를 해치지 않는 저렴하고 자유로운 대안이 넘쳐 난다(돈 문제가 마음에 걸리고, 포기하거나 멈추고 싶은 기분이 든다면 망설이지 말고 72쪽 'DIY'로 넘어가라. 필요한 건 이미 다 배웠다!).

이 길을 갈 때는 감정과 정신적 비용도 소모된다. 세상에는 훌륭한 헬스장과 트레이너, 제품이 가득하지만 찾아내는 과정 자체가 도박에 가깝다. 1장에서 언급했던 피트니스 산업의 온갖 문제는 지금도 존재한다. 또한 해로운 것을 둘러보고 무엇이 자신에게 맞는지 확인하거나, 최적이 아닌 상황에서 자기 방식으로 운동하려면 만만치 않은 노력이 필요하다. 그래도 이런 과정을 연구하고 미리 준비할 시간과 자금이 있다면 당신에게 맞는 장소와 사람을 찾을 수 있을 것이다. 그렇게 해서 새로운 투자 효과를 최대화하는 방향으로 연구하고 에너지를 쏟으면 된다.

개인 트레이너와 그룹 피트니스 강사가 당신에게 방법과 시간을 알려 주기도 한다. 트레이닝 서비스 회사는 이런 역할을 '강력한 책임 관리'로 홍보한다. 트레이너에게 돈을 주고 과제를 부여받으면 지갑에서 나간 돈과 트레이너와의 약속에 책임을 느낀다는 개념이다. 이것은 수십 년간 인기를 끈 방식이고 분명히 많은 이들에게 효과가 있었다. 하지만 이런 방식의 문제는 매력을 느끼는 사람만큼이나 소외감을 느끼는 사람도 많다는 점이다. 이미 책임감의 무게에 짓눌려 무너지고 있는 사람들은 어쩌란 말인가? 당신이 이런 부류에 속한다면, 내가 가장 좋아하는 고객이 처음 나를 고용했을 때 상황을 분해해서 바라봤던 관점을 추천한다.

어느 날 그녀는 업무와 집안일, 취미, 사회 활동에 이르기까지 일상에서 필요하고 하고 싶은 모든 일을 체계적으로 정의했다. 그다음 현실적으로 각 요소를 해결하려면 시간과 에너지를 얼마나 쏟아야 하는지 생각했다. 이를 기준으로 스스로 할 수 있는 일과 외부의 도움이 필요한 일을 분류했다. 그녀에게 운동이란 몸과 정신 건강에 유의미한 영향을 주지만 열의가 생기는 행위는 아니었다. 스스로 운동을 연구하고 적절한 루틴을 짜는 것도 가능하지만, 개인 트레이너를 고용하면 자신의 에너지와 능력, 흥미에 부합하는 다른 활동에 시간과 정신적 노력을 쏟을 수 있다. 그녀에게 필요한 건 답을 줄 사람이 아니라 자신을 도와줄 사람이었다. 유튜브 동영상을 여러 번 보면 얼마든지 직접 할 수 있는데도 자동차 오일을 갈아 줄 사람을 고용할 때와 비슷한 사고 과정이 작용했다.

사회 활동과 커뮤니티, 여럿이 어울리는 분위기를 좋아한다면(혹은 동료 집단이 주는 사회적 압력에서 긍정적 영향을 받는다면) 그룹 피트니스, 댄스, 격투기 수업, 적당히 인기 있는 헬스장 등이 여러분의 동기를 부여하는 훌륭한 원천이 될 수 있다. 하지만 운동하는 모습을 다른 이에게 보이고 싶지 않은 내향적인 사람이라면, 이는 좋은 선택지가 아니다. 이들에게는 개인을 대상으로 한 홈 트레이닝 서비스나 온라인 강좌 등이 좋은 대안이 될 것이다.

개인 트레이닝과 그룹 강좌는 어느 정도 외부에서 강요하는 체계가 필요한 사람들에게 효과적이다. 트레이너는 당신에게 정해진 시간에 정해진 장소로 오라고 한다. 하지만 이런 제

계속 긍정해라

내가 제일 좋아하는 운동 영상은 조르주 생피에르Georges St-Pierre(캐나다 국적의 이종 격투기 선수, 웰터급 챔피언—옮긴이)의 러시핏Rushfit 시리즈다. 운동 자체도 훌륭하지만 내가 계속 이 영상을 보는 이유는 UFC의 전설이 운동 내내 찡그리며 전혀 즐기지 않는 모습에 웃음이 나기 때문이다. 그런 모습을 보면 기운이 난다. 지구에서 가장 탄탄한 남자도 운동할 때 그렇게 버거워하는데, 내가 이렇게 힘들어하고 욕하는 것은 당연하지 않겠는가.

좋은 태도에 열정이 충만한 강사는 틀림없이 누군가에게 도움이 된다. 그렇지 않다면 이렇게 어딜 가나 그런 강사가 넘쳐 나지는 않을 것이다. 하지만 소위 좋은 태도가 모두에게 좋은 건 아니며, 무엇인가 시작하거나 마무리하기 위한 전제 조건도 아니다. 몸을 움직이는 긍정적인 이유가 있고 그렇게 움직이면서 긍정적인 기분이 든다면 당연히 좋은 일이지만 그 반대의 기분이 들어도 상관없다. 앙심을 품고 불손하게 트레이닝해라! 조르주 생피에르처럼 쾌활하게 고뇌해라! 팬데믹 봉쇄 기간에 '정신 건강을 위해 쓸데없이 산책한다'라며 틱톡과 인스타그램 릴을 올린 사람들처럼 마지못해 목적의식을 가지고 쿵쿵대며 걸어라! 신체 활동은 카타르시스를 유도하므로, 그 어떤 '나쁜' 태도나 감정이 시작할 동기를 부여했다고 해도 긴장을 푸는 데 도움이 될 수 있다(그렇지 않아서 슬퍼하거나 화내도 괜찮다).

약은 일이나 일상적 상황, 개인적 선호에 따라 유연한 운동 계획을 원하는 사람들에게 부담으로 작용한다. 힘들거나 단순히 마음에 안 찰 수도 있다.

만일 새로운 환경에서 의욕이 생기는 사람이라면 새 운동 장비에 투자하는 것도 좋다. 스스로 미덥지 않거나 타인의 존재가 지긋지긋하다면 시작할 장소로 집을 추천한다.

마음이 내키면 자신에게 맞는 운동 계획을 수립해서 100퍼센트 혼자 훈련해 보자. 4장 '운동을 잘게 쪼개라'에서 이 접근법을 자세히 다룬다. 관심이 없거나 그만큼 자율적으로 움직일 자신이 없다면, 헬스장과 홈 트레이닝을 적절히 조합해 주는 온라인 강의를 활용해 보자. 전문가들의 전문 지식, 헬스장 트레이너의 조언과 같은 지도를 대부분 얻을 수 있고 일정이 좀 더 유연하며 다른 사람과 마주치지 않아도 된다.

앞서 언급한 구독 기반의 운동 장비는 가장 확실하고 접근하기 쉬운 온라인 강의 트레이닝 방식이다. 홈 트레이닝 장비 준비에 별로 신경을 쓰고 싶지 않은 사람들에게 유용한 원스톱 쇼핑이라고 할 수 있다. 여기서는 본인에게 맞는 제품만 조사하면 된다. 그리고 장비를 선택하면 설명과 장비가 한꺼번에 따라

온다. 설치한 후에는 한 가지 수업을 골라서 계속하거나 시간과 속도에 맞춰 다른 선택지를 탐색해도 된다(당신이 그리 적극적인 편이 아니라면 직접 강사와 얼굴을 맞대거나 하기 싫은 운동을 억지로 계속할 위험 없이 호기심이 가는 대로 시험하기 좋은 방법이다).

커다란 장비를 구비하거나 구독료를 내고 싶지 않다면, 혹은 좀 더 개인적인 손길을 선호하거나 대기업이 아닌 곳에 돈을 쓰고 싶다면 개인 트레이너를 고용해서 줌Zoom으로 수업을 받으며 형식의 틀을 벗어나서 좀 더 자유롭게 운동할 수 있다.

하지만 집이 좁고 잡동사니 때문에 거슬리며, 나를 위해 뭔가 사려니 죄책감이 들고 운동 장비는 생각만 해도 진절머리가 난다면 트레이닝 장비를 구비하는 게 스트레스가 될 것이다.

DIY

물론 돈을 투자하거나 단단히 결심해야만 운동을 시작할 수 있는 건 아니다. 당신이 쉽게 접근해서 이용할 수 있는 온갖 운동이 이미 세상에 넘쳐 난다.

이 길은 확실히 재정적으로 유리하다. 현금이 없거나 돈 때문에 괴롭거나, 여유 자금을 더 좋아하는 일에 쓰고 싶다면 홀륭한 대체재다. 유연하고 부담 없이 신체 활동을 시작하고 싶은 사람들에게 좋은 방식이기도 하다. 자기 주도형 학습자, 내성적인 사람, 저녁형 인간, 정형화된 피트니스 문화는 떠올리기도 싫은 사람에게 추천한다.

자신만의 길을 갈 때 가장 큰 걸림돌은 일일이 찾아보는 데 드는 정신적인 노력이다. DIY 운동 루틴을 계획하고 실행하려면, 처음에 느꼈던 흥미가 지속될 수 있도록 하는 것이 가장 중요하다. 무엇을 하고 싶고 어떻게 해야 하는지 직접 연구해서 알아내며, 시설과 장비를 마련하고, 끝까지 완수하기 위해 스스로 동기를 만들어야 한다.

당신이 과제 지향적이거나 새로운 것을 배울 때 의욕이 생긴다면 DIY 운동이 효과적일 것이다. 자기 길을 스스로 닦아 나가다 보면 뜻밖의 이점이 생기곤 한다. 내가 어른이 되어 처음 운동을 시작할 때 형편상 투자할 수 있었던 건 필라테스 책과 프레데릭 데라비에Frederic Delavier의 책《근육운동 가이드 여성 보디웨이트》정도였다. 내가 관심 있는 것은 주로 선명한 이두박근과 복근이었지만, 근육을 이해하고 키우는 법을 배우면서 결과적으로 나 자신과 내 몸의 관계에 긍정적인 영향을 미쳤다. 몸이 어떻게, 왜 작용하는지 이해할수록 감사한 마음이 들었다.

군이 책을 사고 싶지 않다면 온라인과 동네 도서관에도 탐색과 계획을 도와줄 자원은 많다. 이런 자원을 잘 활용하면 장비를 검색하고 제작하는 법부터 정확히 무엇을, 언제, 어떻게 해야 할지 알려 주는 무료 운동 계획과 영상까지 찾을 수 있다.

상업 헬스장이 비싸서 등록할 수 없거나 싫다면 당신이 생활하는 근처에서 대안을 살펴보길 추천한다. 헬스 시설을 갖춘 아파트나 콘도라면 입주민 공용 운동 시설을 이용할 수도 있고, 학생이라면 학교의 시설을 이용할 수도 있다. 가까운 곳에 운동 장비를 구비한 공공 커뮤니티 센터가 있다면 그런 곳도 무방하다. 또는 집에 운동 시설을 설치했고 당신과 공유할 사람이 있는가(이때 당신이 편하게 생각하고 잘 아는 사람이어야 한다. 그들의 공간에 처음 발을 딛는 취약한 순간을 마주해야 하기 때문이다). 그들과 함께 운동하는 것도 좋은 선택지다.

하지만 관대하고 돈이 많은 헬스광과 친한 게 아니라면 앞서 언급한 어떤 경우에도 최고급 신형 장비는 기대할 수 없다. 화려한 장비가 없어도 얼마든지 효과적으로 운동할 수 있다. 특히 이제 막 시작하는 단계라면 더 그렇다. 게다가 이런 식으로 운동할 때는 부족한 장비를 분위기가 보완하는 경우가 많다. 점잔 빼는 테니스 클럽부터 영화 〈록키〉의 훈련 영상에 나올 법한 곳까지 두루 다녀 본 결과, 무료이거나 저렴한 체력 단련실이 가장 부담이 적고 자유로운 환경이었다. 일반 상업 헬스장에 다니는 사람들은 보통 다른 사람에게 신경 쓰거나 돕지 않는다. 공공 헬스장에서도 신경 쓰지 않는 경우가 태반이지만 뭔가 알려 주거나 격려해 주고, 상대가 불편해 하면 예의 바르게 물러서기도 한다. 고급 헬스장이라고 해서 이런 분위기를 찾는 게 불가능하진 않겠지만 쉽게 접근할 수 있는 공간일수록 이런 친절이 오래가는 경향이 있다(내게 학교 헬스장은 복불복이었다. 학교에 운동 시설을 갖춘 곳이 두 개 이상 있다면 작고 오래된 쪽에서 운동하는 것을 추천한다. 분위기가 좀 더 편안하고 마음이 맞는 사람들이 있을 가능성이 크다).

정비된 실내 운동 공간이 주변에 없거나 이런 곳이 싫다면 야외 활동을 고려할 수 있다(물론 야외 활동은 날씨와 기온이 허락해야 한다. 나는 캐나다에 살고 냉온 알레르기가 있어서 야외 활동의 단점을 누구보다 잘 알고 있다). 인도, 산책로, 공원 잔디밭 등 활용할 만한 장소는 많다. 공원 중에는 피트니스 전용 산책로와 철봉, 평행봉, 장애물 코스, 체조 코스, 야외 근력 운동 기구와 유산소 장비를 갖춘 곳도 있다. 각각의 코스마다 운동 계획과 제안을 붙여 놓은 곳이라면 직접 계획해야 하는 부담도 덜어 준다(거주지 주변의 산책로나 야외 헬스장을 간단히 조사하면 어디가 좋은지 알 수 있다).

동네에 있는 여러 공간을 창의적으로 활용해도 좋다. 예를 들어 공원은 산책과 달리기, 인터벌 트레이닝interval training(속도와 강도가 다른 운동을 교대로 하는 고강도 훈련—옮긴이)에 적합하다. 외딴 산책로를 제외하면 다른 곳보다 조용히 운동할 수 있는 공공장소이며, 길이 대부분 아스팔트로 되어 있어 콘크리트로 된 인도보다 관절에 무리가 덜 간다. 빈 운동장에 있는 장비를 활용해서 근육 단련, 유산소 운동, 스트레칭을 할 수도 있다. 그 공간과 그곳을 이용하는 사람들을 존중하고 상식적으로 대하는 한(예를 들어 아이들이 놀고 있는 정글짐에서는 운동하지 말자) 거의 모든 것을 운동에 활용할 수 있다.

야외 운동은 주변에 적당한 장소가 있는 사람, 운동을 다른 일상 활동과 분리해서 할 때 의욕이 생기는 사람, 집보다 넓은 공간에서 운동하는 것을 선호하는 사람에게 적합하다. 신선한 공기와 햇빛이 어쩌고 하는 말은 신뢰하지 않지만 '있어 보이려는' 자연 애호가들의 주장대로 상쾌하고 머리가 맑아지며 영혼을 정화하는 효과가 어느 정도(20~50퍼센트)는 있다고 인정하자. 하지만 외부 활동은 집 밖으로 나갈 수 없거나 나가기 싫을 때, 혹은 다른 장소에 가서 뭔가 한다는 게 부담이 될 때 장애물이 될 수 있으니 주의해야 한다.

집에서 하는 건 어떨까?

그렇다면 결국 답은 집에 있다. 어쩌다 보니 내가 제일 좋아하게 된 운동 장소이기도 하다. 물론 일반적인 주택을 트레이닝 시설로 쓰기에는 한계가 있다. 최첨단 홈트 장비를 갖추지 않은 이상 집에서 엄청난 근력 단련이나 장거리 달리기, 최고 속력을 갱신하기란 힘들다. 또한 지금처럼 아는 게 많지 않고 영상이나 책, 웹사이트에서 정보를 얻는 게 불편하다면 가끔 나가서 직접적인 피드백을 구해야 할 것이다. 지금보다 활발한 사회적 교류가 필요한 상황이라면 집을 떠나서 무엇이든 직접 조달할 수밖에 없다.

나는 누구나 정신 건강에 좋은 환경에서 사는 것은 아니라는 사실도 알고 있다. 신체적·정신적으로 안전하다고 느끼기 힘든 곳에서 정신과 신체 건강을 위해 충분한 활동을 하기는 어렵다. 집에서 운동하는데 가끔 고양이가 찾아오는 수준을 넘어 더 자주, 꾸준히 외부 자극으로부터 방해를 받는다면 나만의 시간과 공간을 찾아 다른 곳으로 가는 편이 낫다.

하지만 집에서 운동하는 사람으로서, 그리고 집에서 하는 운동을 선호하는 고객을 전문적으로 다루는 사람으로서 나는 집이라는 공간이 운동 장소로서 과소평가됐을 가능성을 누구보다 잘 안다.

홈 트레이닝의 가장 큰 장점은 자신에게 편한 속도로 진행할 수 있다는 자유로움이다. 몸을 움직이는 방법부터 움직임 자체를 고통과 수치심으로 인식하지 않는 방법까지 모든 활동이 여기에 적용된다.

지금 소개하는 일화가 감상적이라면 미리 양해를 구하고 싶다. 하지만 나로서는 냉소적으로 생각할 여지가 없는, 내 인생을 바꾼 사건이었다. 내가 앞서 언급한 수프 캔을 아령 대용으로 들기 시작했을 때는 십 대 후반 시절, 헬스장 회원권을 살

수 없었을 때였다. 하지만 돈이 있었다고 해도 무서워서 실제로 헬스장에 나가지는 못했을 것이다. 어렸을 때는 몸놀림이 둔했고 선생님이 밖에 나가서 뛰라고 하면 '체육 호흡' 증상(내가 붙인 이름이다. 나중에 알았지만 체육 호흡은 의학 용어로 '운동 유발성 천식'이었다)에 시달렸다. 체육 수업에서 좋았던 기억은 병결 증명서를 받았을 때뿐이었다. 스스로 실패라고 생각했던 운동 경험이 부끄러웠고, 나보다 신체 활동을 잘하는 것처럼 보이는 사람들에게 극도로 위축됐다.

어린 시절 내 방은 피트니스에 대한 관심을 키우는 일종의 인큐베이터였다. 시간제한은 별로 없고 부담은 아주 적었으며 관객은 전혀 없었다. 나를 판단할 사람, 동정하는 사람, 전전긍긍하며 내 진도와 비교할 사람도 존재하지 않았다. 이렇게 어설프게 시작했던 근력 단련이 내 뇌를 속인 덕분에 약간 느긋해졌던 것 같다. 장비는 어설펐고, 나도 완벽할 필요가 없었다. 집에서 운동하는 내 고객 중에도 나처럼, 혹은 그보다 심하게 정형화된 피트니스를 꺼렸던 이들이 많다. 상처를 주거나 소외감을 느끼게 했던 그 어떤 대상과도 분리된 자신만의 공간을 마련하면서 그들에게도 완전히 새로운 세상이 열렸다.

홈 트레이닝의 감성적인 면에 관심이 없다면 실용적인 장점에 주목해 보자. 다른 곳으로 갈 필요가 없으니 시간이 절약되고, 운동을 시작하는 장벽도 사라진다. 용기를 내어 집을 나오고, 어딘가로 이동해서 그곳에 도착한 다음에야 겨우 운동이 시작되는 게 아니다. 그냥 바로 운동하면 된다. 내키지 않으면 옷을 입을 필요도 없다.

많은 사람이 주변에 있으면 불안하거나 진이 빠지는가? 홈 트레이닝은 운동하기 위해 집 밖으로 나가고, 다시 돌아오고, 그 과정에서 사람들 사이를 헤집고 다니는 데 들어가는 에너지를 절약할 수 있다. 감각에 예민할 경우 자신이 주도할 수 있는 작고 조용한 공간에 머무르면서 필요한 것을 관리할 수도 있다.

홈 트레이닝은 피트니스 루틴을 유연하게 관리하고 싶은 사람에게도 유리하다. 편안한 집에서 언제든, 어떤 조합으로든 운동할 수 있기 때문이다. 자연적인 신체 리듬에 맞춰 근무 시간 외 아무 때나 일정을 잡아도 좋다. 남는 시간과 약간의 의욕이 생겼을 때 즉흥적으로 운동을 할 수도 있다. 하루를 보내면서 조금씩 여러 차례 해 나가도 된다. 침대에서 벗어나 몸을 움직여 보자. 심지어 침대에 누워서 시도하는 것도 가능하다.

외부에서 기한을 정해 주고 압박하거나 격려해야 더 잘하는 사람에게는 당연히 이렇게 들쑥날쑥한 홈 피트니스 생활을 권하지 않는다. 누군가 압박하고 동기 부여를 해 주는 편을 선호하지만 집을 위주로 한 생활 방식이 마음에 든다면 필요할 때마다 함께 확인하고 답해 줄 동료를 찾으면 된다. 하지만 바깥세상이 스트레스만 주고 의욕을 떨어뜨리며 도움이 되기보다는 거슬리기만 한다면 이 모든 요소를 차단하고 동작을 몇 번만 반복해도 놀라울 정도로 기분이 나아진다. 반복 자체를 좋아하지 않아도 마찬가지다.

다양하게 조합하기

지금까지 소개한 운동 방법에서 모든 장단점을 다루지는 않았지만, 이 정도면 어떤 선택지가 있는지 감을 잡았을 것이다. 완벽한 선택은 없지만 틀린 선택도 없다. 당신과 당신의 몸, 주변 상황에 따라 효과가 있기만 하면 된다.

지금까지 소개한 방법 가운데 하나가 마음에 든다면, 혹은 전혀 다른 방법을 스스로 생각해 냈다면 그 의욕을 기회 삼아 시도해 보자. 수많은 헬스장과 피트니스 프로그램에서 제공하는 무료 체험 서비스 중 한두 가지가 괜찮아 보인다면 그것을 그대로 활용하면 된다. 그게 부담스러우면 골랐던 방법들을 머릿속에 넣고 간단히 할 수 있는 것부터 시작했다가 마음의 준비가 되면 본격적으로 도전해도 좋다. 마음에 쏙 들지는 않아도 그럭저럭 싫지 않으면 시도할 가치가 있다.

한번 선택했다고 계속 그것만 할 필요는 없다. 무언가 시작했다가 효과가 없으면 그만둬도 괜찮다. 다른 걸 해라. 필요하면 쉬면서 마음을 가다듬어라. 하던 것을 멈추고 다른 것을 한다고 실패한 것은 아니다. 애초에 기분이 좋아지는 게 목표였고 그 과정에서 하나가 효과가 없었을 뿐이다. 새로운 것을 한다고 처음부터 다시 시작하는 것도 아니다. 당신은 버거운 첫 단계를 이미 내디뎠으며 그다음에 무엇을 하든 이미 배우고 경험한 것 위에 쌓으면 된다. 그 교훈이 '이건 앞으로 절대로 안 해'여도 상관없다. 무엇이 의욕을 꺾는지 파악하다 보면 무엇이 의욕을 주는지도 알 수 있는 법이다.

이 모든 게 말하기는 쉬워도 진정으로 받아들이기는 힘들다는 사실을 잘 안다. 나도 이런 조언을 적용하기 힘든 시기가 있었다. 하지만 단언컨대 모두 진실이다. 그것도 꾸밈없는 사실이다. 철저히 현실적이고 기능적으로 목표에 접근하는 방식이기도 하다.

일단 저질러라

물론 시작하기 전에 계획을 세우지 않아도 된다. 장기 계획도, '뭔가 해 볼까' 수준보다 복잡한 단기 계획도 세울 필요 없다. 계획이 다 뭔가. 운동하기 몇 분 전까지 어떻게 몸을 움직일지 아무 생각이 없어도 괜찮다.

일단 저지를 때 필요한 건 '하겠다는 약간의 의지'와 '할 대상'뿐이다. 시간과 에너지, 욕구가 생겼다면 뭐든 하나 골라서 시작하자.

그저 발길 닿는 대로 주변을 산책하는 소소한 활동도 좋다. 항상 호기심을 느꼈던 복싱이 떠올라서 충동적으로 근처 체육관을 검색하고, 시범 강좌에 등록해서 실제로 가기까지 생각보다 일이 커져도 된다. 운동 기간이나 강도는 상관없다.

(상급 운동으로 곧바로 뛰어들고 싶다면 말릴 수 없겠지만 한동안 운동하지 않은 상태라면 극도로 조심하길 바란다. 이틀 정도 근육통에 시달리다가 의욕을 잃는 정도면 다행이다. 최악의 시나리오는 다치는

것이다. 당연히 건강에 해로운 데다 다시 시작하겠다는 의욕이 꺾이기도 쉽다. 고강도 운동을 예전에 해 봤다고 해도 지금은 위험할 수 있다. 경험에서 하는 말이지만, 예전에 해 봤다고 해서 곧바로 그 수준의 활동량을 그대로 유지할 수도 없을뿐더러, 실패해서 자책에 시달리기보다 천천히 쌓아 가는 편이 훨씬 이롭고 덜 수치스럽다.)

즉흥적으로 단 한 번 했던 운동이 인생을 바꾸기도 한다. 우리 엄마의 화려한 달리기 이력은 산책에서 시작됐다. 엄마는 평생 계획적으로 사이클링을 하다가 그만두고, 어느 날 다른 것을 해 보고 싶어서 지하실에서 오래된 신발 한 켤레를 꺼내 신고 밖으로 나가 걸었다. 나쁘지 않았기에 다음 날 한 바퀴 더 걸었다. 그다음 날도 마찬가지다. 그렇게 루틴을 세운 다음 거리를 추가하고 속도를 올렸다. 그러다 호기심에 몇 걸음씩 뛰어봤더니 할 만하셨는지 뛰는 거리를 늘렸다. 그때부터 엄마는 달리기를 연구했고 꾸준히 연습해서 5킬로미터까지 달렸다. 5킬로미터는 10킬로미터가 되고, 그다음은 하프마라톤 코스, 결국 풀코스 마라톤까지 늘어났다. 어느 날 문득 뭔가 하고 싶었기에 가능했던 일이다.

하지만 기분을 개선하는 첫 단계가 반드시 삶을 바꾸는 변화로 이어져야 하는 건 아니다. 웬만큼 꾸준한 운동 루틴으로만 발전해도 그 자체로 훌륭하다(우리 엄마가 꾸준히 아침에 일어나서 걷기만 한 게 전부였어도 나는 그것을 성공 사례로 자랑스럽게 소개했을 것이다). 그저 몇 번 정도 즉흥적으로 운동할 수도 있다. 나도 이 책을 쓰면서 그런 식으로 연명했다. 컨디션이 괜찮은 날에는 뭘 하고 싶은지 무작위로 정했다. 별로 좋지 않은 날에는 휴식을 포함해서 그럭저럭 할 만한 운동을 선택했다. 그리고 대부분 이 계획을 지켰다. 지키지 않으면? 보너스로 쉬는 날이었다.

당신의 시작이 어떤 결과를 맞이하든, 중요한 건 당신이 무엇인가 시작했고 실천했다는 사실이다. 몸을 움직이면서 확실한 소득을 얻었고 그러면서 관점도 생겼을 것이다. 예상보다 별로였다고 내면의 불안이 속삭인다면 불안이 틀렸다. 노력해 봤자 결코 결과가 나오지 않을 거라고 우울이 속삭인다면 우울이 틀렸다. 이런 단순한 사실도 틀리는데 다른 문제라고 오답을 내놓지 않겠는가.

운동복 고르기

의욕이 저조하고 진이 빠졌거나 감정적으로 벅찬 상태라면, 운동하기 위해 특별히 갖춰 입기는 고사하고 아침에 옷을 입는 자체가 버겁게 느껴지기도 한다. 다행히 운동복은 생각보다 복잡하지 않다. 운동복을 고를 때 중요한 것과 중요하지 않은 것을 소개한다.

중요한 것

- 제대로 움직이지 못하게 몸을 죄거나 피부가 쓸리지 않아야 한다.
- 반동이 생기는 부위를 충분히 지탱해야 한다.
- 지나치게 열이 오르거나 몸이 차가워져서 활동하기 힘든 옷은 피한다.
- 운동하는 동안 열쇠나 휴대폰을 넣어야 한다면 호주머니가 있어야 한다.
- 시원해야 한다(필수는 아니지만 시원하면 좋다).

중요하지 않은 것

- 브랜드명
- 상하의가 어울리는 세트
- '수분 흡수' 원단 같은 첨단 기술(좋긴 하지만 꼭 필요한 건 아니다!)
- 운동복처럼 보여야 한다.
- 다른 사람들에게 멋져 보여야 한다.

아무것도 하기 싫은 날
동기 부여 하는 법

안타깝지만 첫걸음을 내디딘 후에도 모든 것이 매끄럽게 흘러가지는 않는다. 그렇다고 모든 운동이 극복할 수 없는 난관이라는 뜻은 아니다. 엄청난 노력을 쏟아부어서 한번 시작하면 그다음 운동은 좀 더 접근하고 관리하기가 쉬워진다. 그리고 움직일수록 할 수 있다는 증거가 쌓인다. 하지만 세상에서 가장 활달하고 의지가 충만한 헬스 마니아에게도 잘 안 풀리는 날이 있다. 의욕이 없거나, 피곤하거나, 가끔 지루해도 괜찮다. 100퍼센트 정상이다. 당신이 지속적인 공황장애를 겪고 있거나 스스로 빈껍데기라고 느끼거나 둘 다 해당한다면 이런 현상은 더 자주 일어날 것이다.

경험상 운동하기 부담스러울 때, 피곤할 때, 혹은 그냥 하기 싫을 때 일정 계획과 준비, 정리를 포함해서 운동의 모든 요소를 최대한 잘게 나누면 도움이 된다. 그렇게 잘게 자른 조각마저 부담스러울 때는 다르게 접근할 방법, 한번 해 보자며 기운을 차릴 방법을 찾아야 한다. 몇 가지 예를 살펴보자.

당신에게 자연스럽고 편한 일정을 잡아라

운동을 계획할 때 다른 할 일이나 업무 일정, 개인적인 계획 등이 신경 쓰이기 마련이다. 하지만 운동하기 '적합한' 시간이라는 개념은 고려할 필요가 없다. 사회가 말도 안 되게 아침형 인간을 칭송하고 새벽 4시에 일어나서 출근하기 전 새벽 5시에 사이클링 강좌에 비집고 들어가는 걸 미화해도 마찬가지다(당신에게 효과가 있다면 다행이지만 당신이 아침형 인간이 아니라고 해도 전혀 이상하지 않다).

운동할 시간이 언제 나는지 파악하는 것도 중요하지만 운동할 에너지가 생기는 시간도 알아야 한다. 당신의 답이 피트니스계의 상식과 달라도 괜찮다. 이상한 시간에 운동해라. 운동하는 시간과 분량을 더 작게 쪼개고 온종일 분산해서 아주 조금씩 해라. 여유 시간에 어쩌다 운동할 일이 있으면 즐겁게 몸을 움직여라. 팔 굽혀 펴기 같은 체계적인 운동도 좋고, 혼자 춤판을 벌여도 좋다.

이런 접근 방식이 유치하거나 운동을 진지하게 생각하지 않는다고 느껴진다면 전문 운동선수들도 항상 자기 몸의 자연 리듬에 적응하고 조화하려고 노력한다는 사실을 기억하길 바란다. 극단적 사례로 나이토 테츠야라는 프로 레슬링 선수는 꾸준히 새벽 3시에 운동한다. 타고난 올빼미형 인간인 데다 야간 행사가 끝나고 곧바로 잠을 자기에는 지나치게 흥분한 상태라서 한밤중에 체중 관리와 유산소 운동을 한다.

자기 몸의 일정과 리듬을 존중하라는 말은 운동 속도와 진도에도 적용된다. 당신에게 효과가 있는 운동을 하고 나머지는 신경 쓰지 마라(말보다는 실천이 어렵다는 사실을 알고 있다. 하지만 피트니스 전문가의 허락이 도움 된다면 내가 허락한다).

걸림돌이 될 만한 건 최대한 제거해라

컨디션이 좋지 않을 때는 운동만으로도 버겁다. 운동 과정에 준비와 청소까지 포함된다면 시도 자체가 힘들게 느껴질 수 있다. 내 경험으로는 그런 상태일 때는 운동을 제외한 부수적인 일들을 꼭 해야 하는지 다시 생각해 보는 것도 도움이 된다.

운동복으로 갈아입는 게 번거롭다면 편한 차선책을 생각해 보자. 스포츠 브라를 착용하고 일하러 갔다가 퇴근 후 곧바로 유산소 운동을 하러 가는 건 어떨까? 운동복을 입고 잤다가 침대에서 빠져나와서 스트레칭하며 잠을 깨면 어떨까? 그것도 거슬리면 지금 입은 옷을 그대로 입고 운동해도 괜찮다. 평상복이나 정장이 운동하기에 편한 건 아니지만 그렇다고 운동을 할 수 없을 정도로 불편한 것도 아니다. 게다가 요즘은 평상복 차림으로 운동하는 게 특별히 이상할 것도 없다. 다들 그렇게 한다. 예전에 내가 운영하던 헬스장에 꾸준히 오던 손님은 항상 흰색 드레스 셔츠와 카키색 바지 차림이었다. 사람들이 쳐다봤냐고? 물론이다. 나도 처음에는 흠칫했다. 뒷말을 하는 사람이 있었냐고? 아마 그랬을 것이다. 하지만 어느 정도 시간이 흐르자 우리 뇌리에 남은 건 그가 항상 거기 있었다는 것, 그렇게 입고 운동하는 모습이 만족스러워 보였다는 것뿐이다.

무엇보다 운동하자마자 곧바로 샤워하는 게 부담스럽다면,

혹은 운동한 뒤 샤워까지 할 에너지가 없다면 잠깐 머릿속에서 샤워를 지워 보는 건 어떨까? 나는 가끔 위생 문제는 운동을 끝내고 생각한다. 운동이 끝나면 보통 샤워하고 싶어진다. 트레이닝 후에 물을 맞으면 마음이 편안해지기 때문이다. 어떤 운동을 하느냐에 따라 꼭 샤워를 해야만 하는 경우도 있다(예를 들어 몸을 맞대고 대결하는 경기라면 백선과 포도상구균 감염을 예방하기 위해서라도 씻어야 한다). 하지만 그런 운동이 아니라면 조금 더 유연한 루틴으로 진행해도 좋다.

나는 눈에 보이지 않으면 마음도 멀어지는 단계에 접어들었다. 바로 앞에 운동 장비가 보이지 않으면 운동할 생각도 하지 않는 것이다. 반면 기구가 눈앞에 있으면 뭘 하면 좋을지 고민한다. 가끔씩 하던 일을 멈추고 그 기구로 할 수 있는 운동을 몇 세트 정도 반복하기도 한다.

집에 운동 장비를 설치하려니 눈앞이 캄캄하다면, 설치가 가장 간단한 장비를 선택하면 된다. 나는 최근 복도에 서스펜션 트레이너(줄이나 바에 매달려 체중으로 근력 운동을 할 수 있는 기구―옮긴이)를 달았다. 전혀 힘들이지 않고 30초 정도면 안전하게 설치할 수 있다.

완전한 운동이 너무 부담스러우면 준비 운동부터 시작하고 거기서 얼마나 덧붙일 수 있을지 생각해 보자. 한번 움직이면 계속하고 싶어질 가능성이 크다. 그렇지 않다고 해도 당신은 이미 번듯한 준비 운동을 끝냈다.

나에게 작은 보상을 줘라

무엇을 해도 의욕이 생기지 않는다면 작은 금전적 보상을 하는 것도 괜찮다. 예산에서 어긋나지 않는다면, 특별히 힘든 운동을 마쳤을 때 정말 갖고 싶었던 것을 사겠다고 다짐해 보자. 사소한 선물도 좋다. 나는 어린 시절에 상으로 스티커를 받았던 기억이 좋아서 지금도 가끔 스티커를 사용한다(운동 의욕을 고취하기 위해 무엇이든 선물로 쓸 수 있지만 음식만큼은 철저히 주의하길 바란다. 피트니스계 자체가 식단을 괴이쩍은 시각으로 바라보는데 운동을 시작하는 보상으로 특별식을 먹는 건 도움보다는 독이 될 가능성이 크다).

대안을 준비해라

평생 모 아니면 도라는 사고방식 때문에 문제를 겪었기에, 미리 일정을 세웠거나 머릿속으로 계획한 운동을 하지 못하면 전부 다 망쳤다고 생각하기 쉽다는 걸 누구보다 잘 안다. 하지만 그 순간 아무리 괴로워도 세상이 끝나지 않는다는 사실 또한 경험으로 알고 있다. 그냥 집어치우고 남은 하루 동안 쉰다고 해도 아무 문제가 없다. 하지만 다른 선택지가 있어야 안심이 된다면 대안을 몇 가지 정해 두자. 헬스장에 가기 싫으면 산책은 어떨까? 도저히 집을 못 나가겠으면 운동 영상을 틀고 어떤 느낌인지 지켜보자. 침대에서 못 나오겠으면 거기서 움직여도 좋다(침대에서 하는 '내 멋대로 운동'(99쪽)을 참고해라). 당신은 좀 더 감당하기 쉬운 대안을 활용해서 추가로 몸을 움직였다. 게다가 운동 형식이나 느낌이 기존 인식과 달라도, 의도한 대로 흘러가지 않아도 괜찮다는 확신을 얻을 수 있다.

외부에서 도움을 구해라

다른 사람의 애정 어린 원조가 필요할 수도 있다. 필요할 때 행동할 수 있도록 자극하거나 부드럽게 떠밀어 줄 사람 말이다. 우리 엄마는 지금도 달리기를 사랑하지만 우리가 대부분 그렇듯 에너지와 열정이 남아돌 정도는 아니다. 가끔 엄마는 이런 문자를 보낸다. "지금 옷 입었다. 밖으로 나가라고 말해 주렴." 나는 어서 해치우라며, 달리고 나면 얼마나 기분이 좋을지 생각하라고 말한다. 그러면 엄마는 달리러 나간다. 그리고 기분이 좋아진다.

이런 역할을 해 줄 사람이 아무도 없다면 내가 도울 수 있다.

준비됐는가? 그냥 해치워라! 끝나면 얼마나 보람차고 안심될지 상상해 보자. 그러면 더 고민할 필요도 없어진다.

내 멋대로 운동

의욕이 없고, 아무것도 내키지 않으며, 그냥 누군가 무엇을 하라고 정해 줬으면 좋겠다 싶은 날을 위해 이 운동을 설계했다. 기본적이고 실용적인 움직임을 조합해 주요 근육을 모두 자극하는 한편 몸을 사방으로 움직이면서 근력과 유산소, 가동성을 조금씩 건드릴 수 있다. 폭발적으로 온몸을 움직이는 게 아니라 부드럽게 전신 운동을 유도한다고 생각하면 된다. 늘 그렇지만 번호는 제안일 뿐 정해진 규칙이 아니다. 당신에게 맞게 얼마든지 조정해라. 쉬지 않고 쭉 진행해도 되고 횟수를 끝내면 다음 운동 전에 잠깐 쉬어도(30초에서 1분 정도, 혹은 원하는 만큼) 좋다. 그래도 감당하기 힘들 것 같으면 99쪽 침대에서 할 수 있는 버전을 참고하자.

1	**상체 비틀기: 한쪽당 1분 또는 30회 반복** 다리를 골반 너비로 벌리고 선다. 양 팔을 구부려 가슴 앞에 X자로 모은다. 팔꿈치를 바닥과 평행하게 들어 올린 채로 상체를 좌우 양쪽으로 비튼다.
2	**서서 옆구리 굽히기: 한쪽당 1분 또는 15회 반복** 다리는 계속 골반 너비로 벌린 상태다. 오른팔을 머리 위로 들어 올리고 상체를 왼쪽으로 구부린다(허리를 앞뒤로 구부리지 않게 조심한다. 유리판 두 장 사이에 끼어 있다고 상상해도 좋다). 가운데로 돌아온다. 반대쪽도 반복한다.

3	**엉덩이 차기: 1분 또는 다리당 30회 반복** 제자리에서 걷거나 뛰면서 발뒤꿈치로 엉덩이를 찬다.
4	**무릎 들어 올리기: 1분 또는 다리당 30회 반복** 제자리에서 걷거나 뛰면서 무릎을 엉덩이 높이로 들어 올린다 (집중에 도움이 된다면 손을 허리 아래쯤에서 앞으로 뻗고 걸으면서 무릎으로 손을 친다).
5	**어깨 돌리기: 앞뒤로 30초 또는 20회씩 반복** 다리를 골반 너비로 벌리고 서서 팔을 앞으로 뻗는다. 팔꿈치는 살짝만 구부리고(움직이는 동안 팔이 과신전하는 것을 막는다) 적당한 속도로 양팔을 동시에 크게 돌려 뒤로 보냈다가 아래로, 그리고 처음 위치로 돌아온다. 끝나면 반대 방향으로 반복한다.
6	**스쿼트: 1분 혹은 15회 반복** 다리를 골반보다 살짝 넓게 벌리고 발가락은 약간 바깥쪽을 향하게 한다. 자세를 곧게 유지하고(등을 구부리고 아래를 보지 않는다). 의자에 앉는 것처럼 엉덩이를 뒤로 빼면서 낮춘다. 허벅지가 바닥과 평행이 되면 멈췄다가 처음 자세로 돌아온다.
7	**한 발 데드리프트deadlift: 다리당 30초 또는 8회 반복** 오른발로 균형을 잡고 선다. 등과 오른쪽 다리는 곧게 유지한 채 왼발을 바닥에서 떼고 상체와 왼쪽 종아리가 바닥과 평행할 때까지 몸을 앞으로 숙인다. 천천히 처음 자세로 돌아온다. 끝나면 다리를 바꾼다(균형을 잡는 데 도움이 된다면 앞에 의자를 놓고 양손을 등받이에 올리거나 오른발로 섰을 때 왼손을 등받이 왼쪽에 올린다. 그래도 불안정하면 양발을 딛고 서서 상체만 숙이면서 움직여도 된다).

8	**어깨 모으기: 1분 또는 15회 반복** 수건이나 요가 스트랩, 아니면 다른 천(티셔츠 등)을 쥐고 허리 높이에서 팽팽하게 붙잡는다. 어깨너비보다 약간 넓게 팔을 벌리고 팔이 바닥과 평행해질 때까지 천을 들어 올린다. 팽팽한 상태를 유지하면서 가볍게 천을 쥐고 부드럽게 양쪽 어깨뼈를 모은다. 천천히 어깨의 긴장을 풀고 처음 자세로 돌아온다.
9	**벽 대고 팔 굽혀 펴기: 1분 혹은 15회 반복** 벽 앞에 선다. 어깨너비 정도로 팔을 벌리고 어깨보다 살짝 낮은 위치에서 손바닥으로 벽을 짚는다. 벽을 바라보면서 팔을 뻗었다가 뒤꿈치를 들어 올린다. 편안하게 느껴질 때까지 자세를 조정하고 그 상태로 팔 굽혀 펴기를 한다. 코어에 부드럽게 힘을 주며 곧은 자세를 유지하고, 천천히 벽을 향해 가슴을 낮췄다가 벽을 밀어내면서 처음 자세로 돌아온다(원한다면 조금 강도를 높여서 바닥에 무릎이나 발을 대고 해도 되지만, 꼭 해야 할 필요는 없다. 벽 대고 팔 굽혀 펴기도 충분하다).
10	**느린 마운틴 클라이머**mountain climber**: 한쪽당 30초 또는 10회 반복** 손을 바닥에 짚고 플랭크 자세를 취한다(완전한 플랭크 자세가 내키지 않으면 벽을 짚어도 된다). 발은 골반 너비로, 손은 어깨너비로 벌린다. 코어와 둔근에 집중해서 허리에 지나친 압력이 가지 않도록 안전하고 안정적인 자세를 유지한다. 그대로 코어에 집중한 채 한쪽 무릎을 천천히 가슴 쪽으로 당겼다가 처음 자세로 돌아온다. 반대쪽 무릎도 똑같이 움직여서 1회를 완성한다.

11	**섀도복싱**shadow boxing: 펀치 1분 혹은 60회 반복 이번에는 재미있게 해 보자. 잽, 지르기, 훅, 어퍼컷 등 마음대로 펀치를 휘두르며(원한다면 무릎 차기나 발차기도 같이 한다) 정해진 횟수를 채운다. 펀치 방법이나 '올바르게' 하는 법을 몰라도 내키는 대로 허공에 주먹을 내지르면 된다.
12	**롤 다운**roll down: 30초 혹은 5회 반복 골반 너비로 다리를 벌리고 선다. 하체를 고정한 다음 고개를 내리고 정수리가 바닥을 향할 때까지 척추를 분절하듯이 천천히 아래로 숙인다. 다 내렸으면 크게 숨을 들이마셨다가 천천히 다시 올라온다.

내 멋대로 운동(침대 버전)

1

척추 비틀기: 1분 또는 30회 반복

등을 대고 누워서 팔을 옆구리에 붙여 뻗는다. 무릎을 굽히고 발을 엉덩이에서 15센티미터 정도 떨어진 위치에 내려놓는다. 머리를 왼쪽으로 돌리고 무릎을 천천히 오른쪽으로 낮춘다. 반대쪽으로도 반복해 1회를 완성한다.

2

옆구리 굽혀 발끝 닿기: 한쪽당 1분 또는 20회 반복

여전히 무릎을 굽히고 발바닥은 침대에 닿아 있는 상태로 두 팔을 옆구리로 가져온다. 머리와 상체를 여전히 매트리스에 붙인 상태로 허리를 굽혀 오른쪽 손끝이 오른쪽 발목에 닿게 한다. 1회를 완성하고 방향을 바꾼다.

3

엉덩이 차기: 1분 또는 다리당 30회 반복

엎드려서 이마를 손에 얹는다. 이대로 복부에 가볍게 힘을 줘서(배꼽을 척추 쪽으로 살짝 당긴다고 생각하자) 허리를 지탱한다. 그다음 뒤꿈치를 엉덩이 쪽으로 번갈아 가며 찬다.

4

무릎 들어 올리기: 1분 또는 다리당 30회 반복

등을 대고 눕는다. 왼쪽 다리를 펴고 오른쪽 무릎을 굽히면서 천천히 가슴 쪽으로 끌어당긴다. 잠시 멈췄다가 부드럽게 다리를 내려놓고 방향을 바꾼다.

5	**어깨 돌리기: 1분 또는 한쪽당 15회 반복** 등을 대고 누운 상태 그대로 양쪽 무릎을 구부리고 발바닥을 침대에 내려놓는다. 팔은 옆구리에 붙인다. 팔을 천장 쪽으로 들어 올렸다가 머리 쪽으로 넘기고, 양쪽으로 벌렸다가 다시 내린다. 그다음 순서를 바꾼다. 양쪽으로 벌렸다가 머리로 넘기고, 천장을 향했다가 내려놓는다.
6	**숄더 브리지**shoulder bridge**: 1분 또는 15회 반복** 누워서 무릎을 굽히고 발바닥을 침대에 대고, 팔은 옆구리에 붙인다. 엉덩이에 힘을 주면서 골반을 들어 올린다. 천천히 처음 자세로 돌아온다.
7	**레그 프레스**leg press**: 다리당 30초 또는 10회 반복** 이 운동을 하려면 수건이나 담요, 셔츠 같은 천이 필요하다. 등을 대고 누운 자세에서 오른쪽 발을 수건 가운데에 걸고 무릎을 구부리며 가슴 쪽으로 가져온다. 천 끝을 잡고 약간 팽팽해질 때까지 당긴다. 왼쪽 다리는 똑바로 뻗는다. 저항력이 생기도록 계속 부드럽게 천을 당기면서 오른쪽 발을 천장 쪽으로 쭉 뻗는다. 이때 팔을 살짝 움직여도 된다. 죽을 둥 살 둥 꽉 붙잡고 넙다리 네 갈래근(허벅지 앞쪽의 네 개 근육—옮긴이)을 찢을 필요는 없다. 천천히 처음 자세로 돌아와서 반복한다. 그다음 다리를 바꾼다.
8	**앉아서 어깨 스트레칭: 1분 또는 15회 반복** 가부좌 자세로 해도 좋고 무릎을 굽히든 쭉 뻗든 편한 자세로 앉는다. 다시 손 사이에 천을 잡고 팽팽하게 당긴다. 양손을 어

8	깨보다 살짝 넓게 벌리고 천과 팔이 바닥과 평행해질 때까지 들어 올린다. 팽팽한 정도를 유지하면서 부드럽게 천을 쥐고 천천히 어깨뼈를 회전한다. 서서히 어깨뼈에서 힘을 빼고 처음 자세로 돌아온다(앉을 기분이 아니면 누워서 해도 좋다).
9	오버헤드 프레스overhead press: 1분 혹은 15회 반복 등을 대고 누워서 무릎을 구부리고 발바닥은 침대에 붙인다. 8번처럼 천을 잡되 움직이는 동안 등이 휘지 않도록 코어에 집중한다. 그다음 주먹이 천장을 향할 때까지 팔을 바닥과 직각이 되게 들어 올린다. 처음 자세로 돌아온다.
10	데드 버그dead bug: 한쪽당 1분 혹은 10회 반복 여전히 등을 대고 누운 상태에서 허리 전체가 매트리스에 닿을 때까지 배꼽을 척추 쪽으로 당긴다. 무릎을 구부리고 다리를 들어서 무릎이 엉덩이 바로 위에 오고 정강이는 침대와 평행하게 한다. 팔은 손끝이 천장을 가리키도록 똑바로 뻗는다. 허리는 계속 매트리스에 닿아 있는 상태다. 오른팔을 머리 위로 보내고 왼쪽 다리를 바닥과 45도 각도가 되게 뻗는다. 처음 자세로 돌아와서 반대쪽과 번갈아 가며 실시한다.
11	통나무 굴리기: 한쪽당 1분 혹은 20회 구르기 침대 중간에 등을 대고 누워서 다리를 쭉 뻗고 팔을 머리 위로 올린다. 한쪽으로 굴렀다가 다른 쪽으로 구른다.
12	송장 자세: 1분 혹은 지루해질 때까지 등을 대고 바르게 누워서 머리와 다리를 뻗고 한동안 그 자세를 유지한다.

3장

지금 당신이 하는
그것도 운동이다

운동에는 형식도, 꾸준함도, 상식도 필요 없다

Work It Out

레이건 대통령 시대에 유행했던 슬로건 '고통 없이는 얻는 것도 없다 No pain, no gain'는 말은 천만다행으로 힘을 잃고 있다. 인정사정 봐주지 않는 고리타분한 코치들을 제외하면 이제 다들 이 모토가 해롭고 궁극적으로 비생산적이며 과학적 근거가 없는 헛소리라는 사실을 깨닫기 시작했다. 고통은 몸이 당신에게 뭔가 잘못됐다고 신호를 보내는 방법이다. 그 지경이 될 때까지 고통스럽게 자신을 몰아붙여도 아무것도 좋아지지 않는다. 게다가 부상으로 이어지기 쉬우니 결국 당신만 손해다. 하지만 이런 극단적인 사고방식은 볼썽사나운 슬로건과 프린트가 찍힌

머슬핏 티셔츠 세대를 낳았다. 알게 모르게 운동 개념에도 영향을 미쳐서 이제 어디서나 그 흔적을 엿볼 수 있다.

"죽을 만큼 힘들거나 무겁지도 않은데 리프트를 했다고 할 수 있을까? 더 빨리, 더 멀리, 더 완벽하게 하지 않으려면 애초에 뭐하러 한단 말인가? 제대로 된 장소에서 완전한 장비를 갖추고, 가르치는 대로 정확히 하지 않아도 효과가 있을까? 그냥 재미로 하는 일과 별다른 차이도 없는 운동을 정말 중요하다고 말할 수 있을까?"

이런 태도는 하나도 아니고 두 가지 측면에서 우리에게 끔찍한 영향을 미쳤다.

첫 번째, 우리가 자신을 한계까지(혹은 그 이상으로) 밀어붙이지 않으면 불충분하고, 심지어 의미 없는 노력이라고 생각하게 길들였다.

두 번째, 운동을 판매 가능한 상품으로 바라보는 피트니스 산업을 조성했다. 즉 고객이 돈을 쓰는 만큼 가치를 얻어 간다고 믿게 한다는 뜻이고, 지나칠 정도로 자신을 혹사하는 운동이 제대로 된 운동이라는 발상을 이용한다는 뜻이다(한편 운동을 할 수 있는 만큼, 꾸준히 책임감 있게 시키는 트레이너들은 스스로를 혹사해야 한다고 생각하는 고객을 잃는 일이 많다. 내 고객 중에도 다음 날 별다른 통증 없이 움직일 수 있으면 돈을 낭비한 것 같이 느꼈다는 사람들이 있었다).

우리 몸은 운동에 점수를 매기지 않는다. 열 번째 동작을 제대로 못 했다고, 아홉 번 반복하면서 생긴 효과가 모두 사라지는 건 아니다. 달리기보다 걷기를 선호한다고 해서, 당신의 심혈관이 걷기에는 적응을 못 하겠다며 거부하지도 않는다. 맥박은 댄스 무대와 에어로빅 스튜디오를 가려 가며 상승하지 않는다. 그리고 앞서 말했듯이 당신이 어떤 운동을 하든 당신의 정신 건강과 기분은 효과를 볼 수 있다. 모든 운동은 보탬이 된다. 전부 중요하다.

운동이 100퍼센트 무질서한 행위는 아니지만 운동 규칙과 가이드라인은 생각보다 훨씬 유연하다. 내가 생각하는 단 한 가지 보편적인 원칙은 안전이다. 말하자면 '이 운동은 이런 방식으로 해야 부상이나 장기적 문제를 일으키지 않는다'는 상식이 존재한다. 뛰어난 운동선수가 최고 성적을 받으려면 정해진 훈련 원칙을 따라야 한다. 식스팩을 갖고 싶으면 특정 동작을 반복하고 특정 식단을 지켜야 하며 솔직히 유전적으로도 타고나야 한다. 하지만 이 책에서 다루는 목표를 달성하기 위한 우리의 선택지는 단 하나가 아니다. 무궁무진하다. 반드시 지켜야 할 규칙은 몸 또는 정신에 해로운 일은 하면 안 된다는 것뿐이다.

'싫지 않은'
운동을 해라

무엇을 해야 하는지 걱정하지 말자. 어차피 정해진 답은 없다.

완벽한 운동은 존재하지 않는다. 억지로 하루 몇 분씩 일주일에 몇 번 하면 무조건 맑은 정신과 탱탱한 둔근을 만들어 주는 만능 운동도 없다. 심지어 누구에게나 맞춰 변형할 수 있고 모든 사람이 기분 좋아지는 동작도 없다. 피트니스 업계는 이 성배를 찾아 끊임없이 헤매고 있고, 마치 찾았다는 양 행동하는 사람들도 늘 존재한다. 하지만 그들이 찾아낸 답마저 시간이 지나면 변한다. 1980년대와 1990년대 초반에는 격렬한 에어로빅이 대세였다. 시간이 지나면서 그 세대 강사들은 이런 수업이 관절에 미치는 장기적인 영향을 깨닫고서 요가나 필라테스 같은 마인드 바디 운동과 스피닝 같은 덜 격렬한 운동으로 전향했다. 그러다 내 세대로 넘어오자 트레이너들은 지겹다며 모든 고객을 부트캠프bootcamp(스트레칭, 요가, 가라테, 복싱 등을 혼합한 운동 프로그램―옮긴이), 크로스핏CroossFit(달리기, 로잉, 스쿼트, 벤치 프레스 등을 혼합한 단시간 고강도 운동―옮긴이), 고강도 인터벌 트레이닝(강도가 높은 동작과 낮은 동작을 교대로 하는 운동―옮긴이)에 집어넣었다. 이 방식 가운데 일부는 현재 좋지 않은 결과를 보이고 있다.

그래도 좋은 소식은 피트니스 산업은 계속 바뀐다는 것이다. 피트니스에 대한 우리의 이해가 끊임없이 변화하기 때문이다. 우리는 인간의 몸과 운동 과학을 공부하고 그 결과를 적용한다. 덜 좋은 소식은 이 새로운 정보가 항상 개인의 해석과 편견에 따라 걸러져서(그들의 필요에 따라 새로운 운동과 제품이 탄생하기도 한다) 상반된 결과를 가져온다는 것이다. 거의 모든 피트니스 트렌드에는 귀한 지혜와 운동 아이디어가 들어 있지만 그만큼 단점도 존재한다(당신과 맞는 운동을 찾다가 절망한 적이 있다면 이 사실을 기억해라. 전문가들도 자신에게 맞는 것을 아직 찾고 있다).

무엇을 해야 하는지가 아니라 뭘 하고 싶고 어떻게 즐길 수 있을지를 생각해라. 뇌가 아직 즐거움이나 열정을 논할 상태가 아니라면 제일 덜 싫은 것을 목표로 삼아도 좋다.

가장 훌륭한 운동은 당신이 할 수 있는 운동, 싫지 않은 운동이다. 지친 마음을 달래려고 운동하는데 운동 전후로 비참한 기분이 든다면 모든 게 무슨 소용일까? 어떤 활동을 고르든 마찬가지다. 예를 들어 한때 모두가 입을 모아 '해야 한다'고 말하던 이상적인 운동이 있었다고 하자. 하지만 당신의 최선은 침대에서 5분 동안 앞뒤로 구르는 게 전부였다(격투기용 매트에서 하면 준비 운동이니까 침대 매트리스에서 해도 운동이라고 할 수 있다). 그러나 마음만 먹고서 결국 하지 않는 이상적인 운동보다 5분 동안 구르는 편이 당신에게 훨씬 유익하다. 그것으로 끝이 아니다. 그 이상적이라는 운동을 억지로 하는 것보다 기꺼운 마음으로 5분간 구르는 편이 시간과 정신 에너지가 덜 들어간다. 그리고 그 5분이 끝날 때쯤 성취감을 느낄 수 있다. 최소한 안도감은 들 것이다. 이런 단순한 계산으로만 판단해도 더 좋은 선택이다.

한편에는 이유가 뭐가 됐든 내가 할 수 없고, 하지 않을 가상의 완벽한 운동이 존재한다고 하자. 이 운동은 시도하려면 엄청난 시간과 정신적 에너지가 소모되며 끝까지 하지 않으면 기분이 넝마처럼 구겨지고, 앞으로 다시 하려고 할 때 부담에 짓눌린다. 이 경험은 새로운 스트레스와 고통만 가져다줄 뿐 실제 운동으로는 거의 이어지지 않는다.

다른 한편에는 당신이 할 수 있고 아마 실제로 하게 될 괜찮은 운동이 있다. 정신적으로 큰 노력을 들이지 않고 시작해서 마무리할 수 있으며, 이렇게 할 수 있을 때는 나 자신이 괜찮다는 생각이 든다. 그래서 다음번에 운동할 때도 두려움이 덜하다. 이 경험은 뇌에 당신이 엉망이고 무엇을 하든 실패한다는 증거로 남지 않는다. 경험이 새로운 경험을 남기고, 삶에 보통 이상의 좋은 영향을 미치며 결국 일정한 운동 루틴으로 이어지기도 한다.

둘 중 어떤 운동이 더 나아 보이는가? 당연히 강도는 낮아도 할 수 있는 운동일 것이다. 당신이 싫어하지만 남들은 훌륭하다고 하는 모든 운동에 이 일반적인 공식을 적용할 수 있다. 그런 운동을 시작하고 끝내려면 정신적으로 훨씬 큰 부담이 생기기 마련이다. 게다가 피곤하거나 집중이 안 될 때 격렬한 운동을 하면 다칠 위험이 커지기 때문에 운동하는 동안 특별히 조심해야 한다. 운동을 끝내면 기분이 좋을 수도 있지만 끔찍할 수도 있다. 다음번엔 좀 더 수월하고 즐거워지기도 하지만, 늘 고군분투해야 하고 두려움이 밀려들기도 한다. 당신의 삶이 눈에 띄게 좋아지기도 하지만 다치기만 하고 기분이 더 안 좋아질 수도 있다. 이 모든 결과는 당신과 당신의 상황, 싫지만 할 만한 운동을 헤쳐 나가는 방식에 달렸다. 가끔 지금까지 언급한 모든 괴로움을 대면하는 것 같은 날도, 그렇지 않은 날도 분명히 존재할 것이다.

하지만 억지로 하거나 맞지 않는 방식으로 하거나 아예 운동을 하지 않는 것보다 당신이 할 수 있고, 조금이라도 하고 싶은 운동을 하는 것이 낫다. 좌우로 구르는 통나무 굴리기보다 약간 강도가 센 운동을 하나쯤 찾을 수 있겠지만, 못 찾으면 또 뭐 어떤가. 물론 좌우로 구르는 운동은 격렬한 운동에 비해 근력, 컨디션, 심지어 심리 상태에도 그리 도움이 되지 않는다. 하지만 안 하는 것보다는 유익하며 가끔은 곧바로 할 수 있는 간편한 선택지가 되기도 한다.

공식은
잊어버려라

당신이 PT를 받아 봤거나 피트니스 수업을 들었거나, 영상을 본 적이 있다면 대부분의 운동에 똑같은 공식이 있다는 사실을 눈치챘을 것이다. 먼저 준비 운동을 한다. 그다음 어떤 형태로든 유산소나 근력 강화 운동이 이어진다(운동 스타일에 따라 구성 비율은 다르지만 항상 이 두 가지가 섞여 있다). 특별히 복근 운동이 추가되기도 한다. 마지막으로 숨을 고른다.

이런 포맷은 그리 나쁘지 않고, 비도덕적으로 개발된 것도 아니다. 자료에 따라 정확한 명칭과 분류가 달라지겠지만 피트니스와 웰니스 분야 권위자들은 대부분 근력과 근지구력, 심혈관 건강, 체성분, 유연성 등의 향상을 운동의 효과로 본다. 일반인을 대상으로 설계된 운동은 대부분 이 요소를 전부 포함한다.

기본 틀 자체는 소비자에게 유익하다. 운동 목표가 있고 의욕과 실행력도 있어서 트레이너를 고용하고, 강좌에 등록하고, 영상과 장비를 구해서 꾸준히 운동하고 마무리할 수 있는 소비자라면 말이다. 당신이 여기에 속한다면 근력보다 유산소를 좋아하든, 준비 운동을 지루하게 생각하든 세세한 건 별로 중요하지 않다. 싫은 부분은 마음껏 불평하고 투덜대도 상관없다. 하지만 운동을 시작하는 것, 시작을 고려하는 자체가 운동에 장벽으로 작용하는 사람에게 그 싫은 부분은 단순히 불편한 정도를 훨씬 넘어 심각한 걸림돌이 된다.

근력, 근지구력, 심혈관 건강, 유연성에 이르기까지 피트니스의 모든 종류에는 저마다의 효과가 있다. 당신의 컨디션이 괜찮다면 전체 요소를 아우르는 프로그램 하나만으로도 효과를 볼 수 있다. 지금 당신과 잘 맞는 요소를 하나 찾는다면, 앞으로 루틴을 짤 때 다른 요소도 고려할 수 있을 것이다. 하지만 지금 체력이나 컨디션이 좋지 않다면 모든 운동을 충실히 할 필요는 없다. 할 수 있는 것, 원하는 것을 해라. 나머지는 나중에 혹시라도 필요할 때 고려하면 된다.

유산소 운동이 싫으면 할 필요 없다. 당신에게 잘 맞는 운동이 있는데 유산소 때문에 방해가 된다면 그냥 건너뛰어라. 아니면 즐겁게 할 수 있는 대안을 찾아보자. 이런 원칙은 근력 트레이닝에도 적용된다. 스트레칭도 마찬가지다. 운동에 대체 불가능한 절대적인 원칙 같은 건 없다. 특정 운동을 포함하지 않았다고 해서 당신이 하는 운동이 질 떨어지는 운동으로 전락하거나 시간 낭비가 되지는 않는다. 그 운동이 없다고 해서 당신의 루틴이 모자란다고 생각하지도 말자. 너무 싫어서 빼기로 스스로 결정했으면, 그 운동을 제외한 나머지 운동들의 이점에 집중해라.

언제든 다음번에 다시 할 수 있다. 싫지 않은 활동을 찾아내고, 운동을 짜증과 죄책감, 고통, 실패만 안겨 주는 악의 근원으로 인식하지만 않으면 다른 운동에 새로운 호기심이 생기기 마련이다. 별로 좋아하지 않는 운동이라도 하다 보면 들인 시간과 노력을 값지게 해 주는 새로운 면을 발견할 수도 있다.

달리기 선수였던 내 지인은 항상 웨이트를 싫어했고 근력 프로그램도 몇 번 하다가 그만두었다. 하지만 옛날에 다친 부위에 부상이 재발하면서 출전을 못 하게 되자 부상 방지에 초점을 맞춘 웨이트를 다시 시작했다. 몇 달 후 부상뿐만 아니라 전체적인 달리기 실력도 좋아지고 있다는 사실을 깨달았다. 그녀는 지금도 웨이트를 좋아하지 않지만 자기가 사랑하는 달리기에 도움이 된다는 사실은 인정한다. 이것은 웨이트가 그녀에게 진정으로 유익한 운동이라는 의미다. 물론 특정한 운동을 영원히 싫어하고, 해야 할 이유를 못 찾을 수도 있다. 하지만 그것도 괜찮다. 남은 평생 다른 방식으로 몸을 움직이며 행복하게 살아가면 된다.

(주의: 결국 어떤 운동을 하든, 혹은 하지 않든 준비와 마무리 운동은 포함할 것을 강력하게 추천한다. 꼭 해야 한다는 뜻은 아니다. 생각만 해도 진저리가 난다면 이것도 건너뛰어도 된다. 하지만 준비와 마무리 운동은 피트니스 마니아들이 주장하는 만큼 실제로 유익하다. 본 운동을 하기 전까지 점진적으로 강도를 올리면 몸과 마음을 준비할 수 있고 피로와 부상 위험이 줄어든다. 신체 활동에 준비와 마무리 단계가 추가되면 여러 모로 유익하다. 형식을 갖출 필요도 없다. 전통적인 준비와 마무리 과정이 싫다면, 5분 동안 걷거나 그다지 싫지 않고 덜 격

렬한 동작을 추가해 보자. 혹은 마음에 안 들어도 필요한 건 사실이라고 투덜거리며 몇 분 정도 온몸을 흔들기만 해도 된다.

'하체의 날'은 무조건 지켜야 한다

원래 하체의 날^{leg day}(하체 운동에 집중하는 날—옮긴이)이라는 개념은
고강도 근력 운동이나 보디빌딩 커뮤니티에서 제한적으로 쓰던 개념
이다. 피트니스 분야에서 가장 중요하게 여기는 신체 부위(가슴 근육,
어깨 근육, 복근 등)는 상체 트레이닝을 통해 발달한다. 하체의 날을 건
너뛰어도 된다는 말은 운동의 미적인 면을 중시하는 사람들에 대한
조롱(상체만 발달하고 하체 근육이 발달하지 않으면 근육질 코브라로 보이
니까)이거나 운동에서 자신만의 균형을 찾으라는 조언이다.

일반인들에게 '하체의 날은 무조건 지켜야 한다'라는 건 대부분 게으
름을 야단치려고 나온 말이다. 나를 포함해서 많은 이들이 하체 운동
을 더 어렵게 생각하고 운동 후 회복 기간을 힘겨워한다. 내 경우 하
체 운동을 하고 나서 나타나는 지연성 근육통(강도 높은 운동을 한 뒤
24~48시간 동안 발생하는 근육통—옮긴이)은 상체 운동을 했을 때보다
두 배는 오래간다. 하지만 솔직히 하체 운동을 좋아하는 사람들도 하
체의 날을 버거워한다.

하체 운동의 효과가 좋은 건 사실이다. 둔근, 넙다리 네 갈래근, 햄스
트링, 종아리가 튼튼하면 점프력이 향상되고 속도가 빨라진다. 하지만
하체 근육 트레이닝을 누구나 해야 하는 건 아니고 그럴 필요도 없다.
스쿼트가 하기 싫으면 하지 말자. 데드리프트가 지루해서 눈물이 날

정도면 눈물이 안 나는 운동으로 대체해라. 런지lunge(대표적인 하체 운동. 한쪽 무릎을 앞으로 굽히고 반대쪽은 바닥에 가깝게 굽힌다—옮긴이) 자세가 불안정하고 긴장되면 하지 마라. 이상적인 운동(운동이 아니라 뭐든)이라고 해서 남들과 똑같이 할 필요는 없다. 운동은 당신에게 유익해야 한다. 운동이 생활의 일부가 되어 꾸준히 한다는 게 매번 억지로 해야 한다는 뜻은 아니다.

몸을 움직이는
색다른 방법

특정 효과를 노리고 설계된 전통적인 운동을 꼭 해야 하는 건 아니다. 전통적인 운동처럼 보일 필요도 없다. 운동은 헬스장, 스튜디오, 러닝 트랙, 매트 외에도 드넓은 세상 어디서든 할 수 있으며, 몸을 움직일 방법도 무궁무진하다. 당신의 취미나 사회적 행사, 그저 혼자 즐기는 행위라고 해서 운동이 아니라고 할 수는 없다. 전부 운동에 해당한다('혼자 즐긴다'라고 해서 그런 뜻은 아니지만 원하면 그것을 해도 좋다. 어쨌든 심장을 빠르게 뛰게 해주니까).

특별한 순서 없이 시도할 수 있는 색다른 운동들을 간단히 소개한다. 일부는 운동에 필요한 트레이닝이나 장비를 구하기 힘들 수도 있지만, 대부분은 장비 없이도 친구들과 함께, 혹은 혼자서도 충분히 할 수 있다.

플라잉 해먹

해먹 한두 개에 매달려 곡예를 펼치는 공중 체조는 1990년대와 2000년대에 태양의 서커스Cirque du Soleil(캐나다의 유명한 서커스 공연단—옮긴이)에서 처음 인기를 끌었다. 그 이후 숙련도와 훈련 방식에 따라 폭넓게 각색됐다. 이제 전 세계 곡예와 요가, 필라테스 강좌에서 플라잉 수업을 개설했다.

플라잉 해먹은 상체와 코어 근육, 지구력 발달에 특히 좋다. 꾸준히 훈련하면 심혈관 기능도 놀라울 정도로 개선할 수 있다. 운동의 부차적 효과인 균형과 협응력은 말할 것도 없다. 예술적 표현력을 키우고 싶거나, 마인드 바디 수련을 하고 싶지만 일반적인 매트 운동이 내키지 않거나, 휙휙 날아다니고 싶고 어린 시절 놀이터에서 그네를 타던 기억을 떠올리고 싶은 이들에게 아주 좋은 운동이다.

점핑

다들 멋진 미니 트램펄린을 본 적 있을 것이다. 점핑은 트램펄린에서 하는 유산소 운동이다. 충격이 적은 훌륭한 심혈관 강화 운동이며 코어와 하체 근지구력, 균형, 협응력, 민첩성을 개선해 준다. 작은 점핑 트램펄린은 비교적 저렴하고(50달러 정도면 괜찮은 모델을 살 수 있다) 장소도 많이 차지하지 않으니 이상적인 홈 트레이닝 용품이다. 거창한 운동을 할 기분이 아닐 때 언제든지 꺼내서 아무 규칙 없이 격렬하게 점프할 수 있다.

HEMA

서양 전통 무술인 Hema Historical European Martial Arts는 일반적으로 유럽에서 기원해 지금은 사라졌거나 펜싱 같은 전통 스포츠로 발전한 무술을 뜻한다. HEMA 커뮤니티에서는 연구와 수련, 도검 훈련을 통해 이런 무술을 부활시키려고 노력하고 있다. HEMA의 공동 학습 환경과 끈끈한 온라인 커뮤니티, 북미와 유럽 지역에 널리 퍼진 동호회 등은 사람들과 어울리며 의욕을 느끼는 사람들에게 적합하다. 도검 훈련 역시 '평범한' 운동이 지루하다고 생각하거나 검을 갖고 노는 걸 꿈꾸는 사람들에게 훌륭한 선택이다. 그리고 무술은 심혈관 기능과 전신 근지구력, 협응력, 민첩성, 균형 감각, 속도, 반응 시간, 체력을 개발하기 좋다.

롤러스케이트

롤러스케이트는 멋진 복고의 기운을 만끽할 수 있을 뿐 아니라 심혈관 기능과 지구력, 균형 감각, 속도, 코어 근육, 그리고 하체 근력을 전반적으로 개선한다. 스케이트를 타고 무엇을 하느냐에 따라 민첩성과 반응 시간을 향상하고 스트레스를 해소할 수 있다. 스케이트화 한 켤레로 온갖 재미있는 활동의 기회가 열리는 셈이다. 스케이트장 안에서, 혹은 야외에서 스케이트를 탈 수 있다. 아름다운 표현에 관심이 있으면 예술 롤러스케이트를, 기술에 관심이 많으면 공격적인 인라인스케이트를 연습하면 된다. 팀원들과 함께하는 접촉 스포츠에 매력을 느낀다면 지금도 북미의 수많은 도시에서 성황리에 개최되는 롤러 더비roller derby(다섯 명이 한 팀을 이뤄서 겨루는 프로 롤러스케이트 경기—옮긴이)를 할 수도 있다. 롤러스케이트 자체는 마음에 들지만 남들이 보는 데서 운동하는 게 싫으면 여유 공간과 적절한 바닥을 갖춘 집에서도 할 수 있다. 내 친구는 팬데믹 기간에 원룸에서 롤러스케이트를 탔다.

전직 프로 베개 파이터로서 장담하는데 베개 싸움은 내 경험상 가장 까다로우면서도 카타르시스가 폭발하는 운동이다. 이제는 베개 싸움을 통해 프로 선수로 활동하는 건 불가능하지만, 친구들과 함께, 혹은 혼자서 가상의 적을 만들어서 해 보자. 스트레스도 풀리고, 유산소와 코어 운동을 곁들일 수 있는 재미있는 활동이다.

같이 할 사람이 있으면 베개 한 쌍(베개 속은 인조 섬유가 좋다)을 마음 놓고 휘두를 수 있는 장소를 찾아서 1분이나 2분을 1라운드로 대결해 보자. 같이 할 사람이 없으면 혼자 해도 좋다. 베개를 양손으로 잡고 머리 위로 올렸다가 최대한 세게 바닥을 때린다. 그다음 한 손이나 두 손으로 베개를 한쪽 어깨에 올렸다가 반대쪽 바닥으로 휘두른다. 다른 쪽도 똑같이 한다. 그다음 전체 과정을 반복하면 된다. 혹은 베개에 올라타서 종합격투기 스타일로 그라운드 앤드 파운드ground and pound(상대방을

땅에 쓰러뜨린 후 주먹이나 팔꿈치로 가격하는 기술—옮긴이) 기술을 쓸 수도 있다. 메주먹hammer fist은 주먹 아랫부분으로 베개를 계속 가격하는 기술인데 특히 재미있다. 정해진 방식으로 하는 게 갑갑하면 얼마든지 자유롭게 휘둘러도 좋다.

나 홀로 댄스파티

음악을 틀고 마음 가는 대로 움직여 보자. 필요한 만큼 반복해라. 유산소 운동과 스트레스 해소 활동으로 그만이다. 어떤 동작을 하느냐에 따라 근력 운동이 될 수도 있다.

레트로 운동 비디오

1980년대와 1990년대의 운동 비디오를 따라하는 것도 좋다. 이런 종류의 비디오가 운동하기에 무조건 좋은 건 아니다 (배우였던 제인 폰다Jane Fonda의 비디오 중 레그 리프트 동작은 너무 빠르고 통제가 힘들다는 면에서 걱정스럽다). 하지만 레트로 운동 비디오가 촌스럽고 장난스러우며 민망하다는 평가를 받는 이유는 헬스장에 안 가거나 못 가는 사람들도 운동을 할 수 있게 했기 때문이라는 의심이 든다. 엄격하고 보수적인 사람들이 보기에 마음에 들지 않으니 무시와 조롱으로 이어졌을 가능성이 있다. 그리고 무슨 이유인지 몰라도 많은 이가 이런 가해 집단을 신뢰하기 시작했다.

하지만 이런 오래된 비디오는 대부분 온라인에서 찾을 수 있고, 운동에 관한 현재 지식과 개인의 목표에 맞춰 동작을 쉽게 조정할 수 있다(폰다의 레그 리프트를 느리게 재생해서 고관절 가동 범위 내에서 움직이고, 억지로 허리를 써서 다리를 머리 뒤로 급하게 보내지 않게 조심하면 아주 효과적인 엉덩이 운동이 된다). 또한 이런 비디오들은 최근 유행하는 운동법과 사고방식에 재미있는 변화를 준다. 게다가 어느 쪽이 더 민망할까? 한물간 운동복을 입고 충격이 덜한 동작을 재미있게 할 수 있도록 도와주는 성실한 강사? 아니면 사람들이 리프트는 안 하고 즐겁게 춤을 춘다며 화내는 헬스 마니아?

옛 히트곡으로 땀 흘리기

레트로 운동 비디오 자체는 마음에 들지만 어디부터 시작해야 할지 모르겠다면, 내가 무척 좋아하며 초보가 시작하기 좋은 비디오들을 소개한다. 수집하고 싶다면 대부분 온라인이나 중고품 상점에서 실물을 구할 수 있다. 실물이 필요 없으면 아래 비디오 모두 스트리밍 서비스와 유튜브에서 볼 수 있다.

리처드 시먼스의 힘차게 5분 운동Richard Simmons's 5 Minute Workout with Attitude

나는 〈옛 히트곡으로 땀 흘리기Sweatin' to the Oldies〉 시리즈를 전반적으로 좋아한다. 이 시리즈로 나온 비디오는 하나같이 확인해 볼 가치가 있다. 그중에서도 나는 유튜브에 등록된 이 짧은 발췌 영상을 특히 추천한다. 시먼스의 경험이 완벽하게 녹아 있는 영상이기 때문이다. 이 영상은 무척 다채롭다. 운동 자체는 간단하고 훌륭한 유산소 루틴인데 배경은 그야말로 난장판이다. 어떤 사람들은 운동복을 입고 안무를 따라 한다. 청바지에 폴로 셔츠를 입고 동작을 하는 사람들도 있다. 나머지(클럽 복장에 하이힐을 신은 여성 두 명 포함)는 그냥 내키는 대로 움직이는 듯하다. 참, 그리고 촬영 장소는 가짜 쇼핑몰 세트장이다. 운동이 심각할 필요 없다는 사실을 아주 잘 보여 준다.

스텝 리복: 더 비디오Step Reebok: The Video

빈틈없는 운동 규칙과 정신 나간 세트 디자인이 멋들어지게 조화를 이룬 영상이다. 보는 사람이 계속 흥미를 느끼도록 틈틈이 변화를 주면서도 운동이 그리 복잡하지 않아서 초보자들이 영상을 끄거나 포기하지 않게 해 준다. 점프 같은 충격이 큰 동작은 신중하게 소개하고 적당히 변형한다. 전체 분위기는… 아마 〈리듬 네이션Rhythm Nation〉(팝 가수 재닛 잭슨Janet Jackson의 대표곡—옮긴이)을 표방했던 것 같지만 결국 1984년 애플의 슈퍼볼 광고에 가까워졌다. 나는 마음에 든다. 발랄하기 짝이 없는 다른 비디오의 분위기에서 잠시 벗어나 기분을 전환할 수 있기 때문이다.

태보 비디오Tae-Bo video

빌리 블랭크스Billy Blanks는 태보로 운동 비디오계에 신기원을 열었다. 태권도장이나 복싱 링에 발을 들일 생각도 못 해 본 사람들이 다양한 격투기와 전투 스포츠 기술에 재미있고 쉽게 다가갈 수 있게 한 것이다. 이 비디오에서는 넘치는 열정이 멋져 보인다. 나는 코로나19 팬데믹 초기에 블랭크스가 제작한 가정용 태보 비디오 시리즈를 적극 추천했다. 집에서 하는 운동이 '진정한 운동'으로 느껴지지 않아서 걱정인가? 피트니스의 전설이 소파를 뒤로 밀고 거실에서 운동하는 모습을 보면 그런 생각은 사라질 것이다.

데비를 따라 하세요Do It Debbie's Way

할리우드의 전설적인 여배우 데비 레이놀즈Debbie Reynolds의 초보용 에어로빅 비디오에는 여러 가지 장점이 있다. 세트장은 로마식 기둥이며 샹들리에로 꾸몄고 심지어 조명은 데비의 이름이다. 데비는 최근 작품이

잘됐으면 이런 일은 안 했을 거라고 인정한다. 셀리 윈터스Shelly Winters
는 배경에서 왔다 갔다 하면서 수다를 떤다. 이 비디오의 정신을 가장
잘 보여 주는 건 레이놀즈가 중얼거리듯 내놓은 소개말이다.

"내가 이런 프로그램을 할 줄은 생각도 못 했는데, 일이 좀 있었어요. 이
런저런 운동 테이프를 잔뜩 샀는데 다 훌륭하긴 해도 끝까지 못 하겠더
라고요. 속도가 너무 빠르니까 계속하기 싫었나 봐요." 그냥 누워 버리
고 싶을 때 따라 하기 좋은 비디오다.

어떤 움직임이든
운동이 될 수 있다

운동이 꼭 별개의 활동으로 보여야 하는 건 아니다. '재미있는' 운동조차 감당하기 힘들게 느껴지면, 사실 운동은 지금 하는 일과 종이 한두 장 차이라는 사실을 기억하자. 일상을 영위하는 단순한 행위에는 온갖 움직임이 뒤따른다. 한 장소에서 다른 장소로 오가는 일도 포함된다. 화장실에 갔다 오는 것도 마찬가지다. 샤워, 요리, 설거지, 세탁, 정리, 꼼지락거리기, 던지기, 방향돌리기, 팔다리 털기, 우주 저주하기. 그 밖에도 끝이 없다. 이모든 활동에 당신의 근육과 심혈관계가 동원된다. 그리고 운동에 합산된다. 하나하나 다 유효하다.

한 번에 전체 운동을 소화하기 힘들면 일과 중에 조금씩 무작위로 할 수 있는 소소한 활동도 많다. 지금부터는 한가할 때 할 수 있는 몇 가지 운동법을 간단히 소개한다. 무한한 운동의 세계에서 빙산의 일각에 불과하지만, 여러 선택지가 있다는 걸 깨닫기에는 충분할 테고 당신에게 맞는 방법을 찾는 데 도움이 될 것이다.

앉았다 일어서기

의자를 가져와서 그 앞에 선다. 그리고 앉는다. 일어난다. 원하는 만큼 반복해라. 실행하기 쉽고 비교적 덜 짜증 나게 스쿼트를 대체하는 운동이다. 종아리, 넙다리 네 갈래근, 햄스트링, 둔근을 단련하고 끝나면 쉴 곳까지 생긴다.

누웠다 일어서기

앞의 동작을 전신 운동으로 변형하고 싶거나 좀 더 과감하게 움직이고 싶으면 바닥을 활용하자. 자리에 누워라. 내키면 세상을 저주하며 온갖 악담을 퍼부어도 좋다. 그다음 가장 편하고 수월한 방식으로 자리에서 일어나서 선다. 원하는 만큼 동작을 반복하자. 주요 근육은 모두 자극할 수 있고 몇 번만 반복해도 상당한 유산소 운동이 된다.

1분 댄스파티

더 오래 춤출 시간이나 에너지가 없으면 좋아하는 노래를 틀고 잠시 한바탕 움직여 보자. 약간의 유산소 운동 효과도 있고, 금방 기분이 좋아질 것이다.

자유롭게 강도를 조절하는 TV 인터벌 트레이닝

TV 프로그램을 보고 있다면 동작 하나를 정해서 광고가 나올 때마다 해 보자. 스트리밍 서비스를 주로 본다면 게임이 나오는 프로그램이 있는지 검색해 보자. 한두 가지 동작을 정해서, 출연자들이 벌칙에 걸릴 때마다 몸을 움직인다.

마음대로 섀도복싱

혼자 있거나 친한 친구와 같이 있을 때 무작위로 공중에 펀치(공간이 충분하고 내키면 킥도 좋다)를 날리면 얼마나 재미있는지 모른다. 당신의 현재 기분에 따라 후련하게 스트레스가 해소되기도 한다. 프로 격투기 선수들이 꾸준히 섀도복싱을 하는 이유가 있다. 유산소와 상체, 코어, 협응력 발달에 좋기 때문이다.

침대에서 움직이기

어떤 이유로든 침대에서 나오기 힘들면 그 상태로 아무렇게나 움직여 보자. 팔 돌리기, 사이드 레그 리프트, 고관절 스트레칭, 좀 더 화려하게는 윗몸 일으키기, 레그 레이즈, 기력이 있으면 플랭크를 시도해도 좋다. 그리고 우리에게는 항상 통나무 굴리기가 있다.

계단 오르기

나는 엘리베이터나 에스컬레이터 근처에만 있으면 계단으로 가는 게 당연한 것처럼 거만하게 권하는 문화가 싫다. 이미 다른 장소로 가고 있을 때 한두 층 더 올라가면 일상 활동에 좋은 자극이 되지만, 모든 이가 그렇게 할 수 있고 해야 하는 건 아니다. 즉 선택이지 필수는 아니다. 여력이 되고 원한다면 가끔 한두 층 걸어서 올라가는 것을 시도해 보자. 효과를 봤으면 잘된 일이다. 제발 그 자체에 집착하지 말자.

마지막으로 더 즐겁게 운동하기 위해 몇 가지 더 노력할 수 있다. 피트니스 마니아들이 그러듯 하루에 버피를 잔뜩 해내는 게 얼마나 짜릿한지 깨달으라는 게 아니다. 쉬는 시간에 재미로 하는 일을 운동할 때도 해 보자는 뜻이다. 운동하는 동안 팟캐스트나 오디오북, TV를 틀어라. 좋아하는 카페에 가는 길을 산책이나 조깅 코스에 넣고, 운동 후 회복 삼아 간식을 주문하고 천천히 집에 걸어오면서 숨을 돌리자. 근력 운동을 하거나 걸으면서 친구에게 전화해서 수다를 떨어도 좋다. 아무리 해도 운동 자체를 좋아할 수 없다면, 즐거운 활동을 운동 계획에 짜넣어라.

운동을 통해 무엇인가 얻으려고 고군분투할 필요는 없다. 운동하며 몸과 마음을 힘들게 할 필요도 없다. 사실 애초에 우리 목적을 생각하면 당신의 삶을 힘들게 하지 않는 신체 활동이 훨씬 더 유익할 것이다.

달리 말하면, 고통을 없애면 그 순간 얻게 될 것이다.

4장

운동을
잘게 쪼개라

그날그날 컨디션에 맞는 모듈식 운동 습관 구축하기

Work It Out

당신이 뛰어난 역도 선수라고 가정해 보자(이 책의 전제를 생각하면 좀 이상한 가정이지만 다 의도가 있어서 하는 말이다). 구체적인 훈련 내용은 함께 일하는 사람과 그들이 정한 선수용 식단에 따라 달라지겠지만, 근력을 키우려고 리프트를 한다면 대체로 한두 번은 고중량을 들고, 잠시(최대 5분 정도) 쉬었다가 그것을 반복할 것이다.

장거리 육상 선수라면 훈련 계획에는 거리에 초점을 맞춘 달리기도 들어가겠지만 속도에 집중하는 달리기, 경사 훈련, 교차 훈련, 휴식 등도 포함될 것이다.

아마추어 복싱 선수라면 스파링은 물론 기술과 힘, 유산소에 집중한 별도의 훈련도 받을 것이다. 그리고 시간과 횟수가정해진 대결 라운드에서 중간중간 1분씩 쉬어 가며 경기를 펼칠 것이다.

피트니스와 운동 경기는 모든 요소를 어떤 식으로든 분할한다. 운동이나 트레이닝 강좌는 개인의 필요와 목표에 따라 여러 조각을 합치고 구성한다. 운동이 취미인 피트니스 마니아부터 프로 운동선수까지 진지하게 운동하는 사람들은 모두 이런식으로 신체 활동에 접근한다.

당신이 운동을 가장 작은 단위로 쪼개려면 정확히 이 방식을 따르게 된다. 쉽게 그만두거나 요령을 피우려는 게 아니라고전적이고 믿을 만하다고 증명된 진지한 훈련 방식이다. 파워리프팅(중량을 들어 힘을 겨루는 경기로 스쿼트, 벤치 프레스, 데드리프트의 세 가지 종목으로 구성—옮긴이) 선수, 마라톤 선수, 격투기헤비급 챔피언들도 다 이렇게 한다.

운동을 최소 단위로
쪼개야 하는 이유

간단히 말해서 쪼개야 실제로 운동을 할 수 있다(운동하는 과정에서 심하게 다치지 않기 때문이다).

언급했던 사례를 다시 살펴보자. 파워리프팅 선수는 1회 최고 중량(선수가 물리적으로 들 수 있는 가장 무거운 중량)을 한 번밖에 들지 못한다. 그래서 1RM One Rep Maximum이라고 불린다. 장거리 육상 선수는 트랙에 나갈 때마다 전체 거리를 목표 속도로 뛸 수 없다(마라톤의 기원이 된 페이디피데스Pheidippides 전설은 경이로운 거리를 뛰고 나서 탈진해 사망한 남자의 이야기다). 복싱 선수들이 체육관에 갈 때마다 시간제한 없이 전력을 다해 상대에게 주먹을 휘두른다면 2라운드 이상 살아남는 선수는 거의 없을 것이다. 이 가상의 사례에서 운동선수들은 높은 확률로 부상과 질환에 노출된다. 그 자체로도 끔찍하지만 목표를 달성하기는 요원해진다. 너무 많은 활동을 지나치게 과하게 하면 최악의 경우 말 그대로 목숨을 잃을 수 있다.

이렇게 모든 측면에서 끔찍한 결과를 피하려면 코치와 트레이너, 취미형 운동선수, 피트니스 마니아들은 단번에 달성할 수도 없고 시도 자체가 어리석은 엄청난 양의 활동을 '안전하고 효과적으로 감당할 수 있는 단위'로 나누어야 한다. 그러면 파워리프팅 선수는 충분히 도전적인 중량을 들어 올리고 체력과 폭발적 근력을 개발할 수 있다. 그다음 잠시 멈춰서 몸을 쉬게 하고 정신을 다잡으며 다음 세트를 준비하고, 감당할 수 있는 세트를 반복한다. 육상 선수는 다양한 속도로 비교적 짧은 거리를 달리며, 전력으로 질주하는 날은 1년에 몇 회 정도로 안배한다. 취미형 선수들도 걷기와 달리기로 구간을 나눠서 레이스를 설계한다. 복싱 선수들은 힘을 뺀 스파링, 또 다른 형태의 저강도 비접촉 훈련으로 경기력을 미세하게 조정하며 실전을 준비한다. 짧고 강한 폭발적 훈련과 일정 기간의 휴지 상태를 전략적으로 배치해 쉬었다가 다시 집중하고, 다시 수분을 보충한다.

이 책에서 초점을 맞춘 목표를 생각해 보자. 우리는 신체적·정신적으로 가능한 운동을 추구한다. 우리가 생각하는 운동량이 당신을 부상이나 사망에 이르게 할 만큼 심각하게 위험할 확률은 극도로 낮지만, 죽을 것 같은 기분이 들게 하는 운동량도 피해야 한다.

당신이 지금 우울증, 불안, 번아웃에 시달리거나 사는 게 힘들고 살기 위해 해야 하는 모든 행위가 버거운 상태라면, 지나친 운동량은 과부하를 일으키는 동시에 당신을 짓누르기 쉽다. 따라서 프로 운동선수처럼 부상과 과훈련overtraining(운동 수행 능력을 초과한 지나친 훈련으로 피로와 질병, 손상을 야기하는 현상―옮긴이) 위험이 없도록 운동을 잘게 쪼개면 큰 효과를 볼 수 있다. 그뿐만 아니라 의욕 저하와 자책을 방지하는 한편 미리 불안해하지 않고 안전하게 시작할 수 있는 단위로도 나눠야 한다.

이제 몸과 마음이 차분하게 준비된 상태로 할 수 있는 운동량을 정했으면, 운동을 관리 가능한 조각으로 나누고 모듈식으로 조립할 방법을 찾아보자. 하지만 먼저 그 조각이 무엇인지 알아내야 한다.

운동량이 적다고
걱정할 필요 없다

당신이 나처럼 자신에게 자비롭지 못한 스타일이라면, 심리 상태도 계산에 넣어야 한다는 사실을 쉽게 인정하기 힘들 것이다. 어떤 운동을 물리적으로 X만큼 할 수 있으면 깔끔하게 받아들이고, 나약한 아이처럼 어리광 부리지 말고 단번에 X를 해내면 되지 않을까?

안 된다.

물리적으로는 X를 할 수 있지만 당신이 X를 미루거나 완전히 피한다면 사실상 X는 당신이 지금 할 수 있는 수준을 넘어선 것이라고 할 수 있다. 이론적으로 가능해도 실제로 못 한다면 그건 당신에게 불가능한 일이다. 더 많이 못 하는 게 속상해서 아무것도 안 하는 게 대안이라면, 이론적 최대보다 조금, 혹은 훨씬 덜 하는 게 낫다. 게다가 정신 건강을 개선하는 게 운동 목표라면 정신 건강을 운동 계획에 고려해야 한다.

운동을 소화해 내려면 얼마나 잘게 나누어야 할까? 시작할 수 있을 만큼만 작게 쪼개면 된다. 제약은 없다. '이건 못 해', '이거 안 해'라는 생각이 '됐다, 이 정도면 할 수 있겠어'로 바뀔 때까지 계속 깎아 내라.

벽 대고 팔 굽혀 펴기를 하나만 해도 될까? 무릎이나 발을 대고 하는 팔 굽혀 펴기는 고사하고, 벽 대고 팔 굽혀 펴기를 두 번 한다고 생각만 해도 벌써 부담스러운가? 그럼 좋다. 한 번만 하고, 거기서부터 시작하면 된다.

팔 굽혀 펴기를 한 번 했더니 괜찮았다면 한 번 더 시도할 수 있다. 잠깐 쉬었다가 해도 좋다. 그것도 괜찮으면 또 해 본다. 벽에서 등을 돌리고 벽 천사wall angel 자세(엉덩이와 등 윗부분, 뒤통수를 벽에 대고 선다. 팔뚝과 손등도 벽에 붙인 채 YMCA의 Y자와 같은 자세로 팔을 든다. 벽에 닿은 신체 부위를 벽에서 떼지 말고 Y자가 W자로 바뀔 때까지 천천히 팔꿈치를 내린다. 그다음 다시 Y자로 돌아간다)로 연결해 보자. 헬스 마니아들은 이런 연속 동작을 슈퍼세트superset(짧게 쉬거나 쉬지 않고 두 가지 운동을 연속으로 하는 방식—옮긴이)라고 한다. 혹은 벽에서 한 발 떨어져서 스쿼트를 할 수도 있다. 내키면 한두 세트 추가한다. 팔 굽혀 펴기 하나로 충분한 것 같으면 마무리하고, 다음 날 보람을 느끼며 상쾌한 기분으로 한 번 더 시도한다. 그다음 날도 마찬가지다.

사실 어떤 방식으로 하든 팔 굽혀 펴기 한 번은 운동이 아니다. 한 번 한다고 다음 날 아침 일어났더니 가슴 근육이 불끈 튀어나오지는 않는다. 하지만 그 팔 굽혀 펴기는 더 즐거운 루틴의 기반이 되고, 신체 활동을 더 보람차게 생각하는 계기가 될 수 있다. 그러면 머리가 맑아진다. 우람한 가슴 근육을 만들 수 있는 루틴의 시작이 될 수도 있다. 심하게 몰아붙였다가 마음을 다치고 포기하는 것보다 천천히 나아가면서 기분도 좋아지는 편이 훨씬 낫다.

당신이 이어 붙이는 조각이 충분한 운동이 될지 어떻게 알 수 있을까? 철학적으로 답하자면 충분하다는 건 모호한 개념이고 정의하기도 불가능하다. 뼈를 깎는 노력을 최소한의 기본으로 생각하는 사회가 충분함의 기준에 영향을 미칠 때는 더욱더 그렇다. 현실적으로 답하자면, 당신에게 맞는 운동을 찾기까지 몇 번 시행착오를 겪겠지만 일반적으로 뭔가 해냈다는 기분이 들면서 조만간 또 할 수 있을 것 같으면(심지어 하고 싶으면) 그 것이 당신에게 적당한 운동량이라고 할 수 있다.

당신이 피트니스계의 일반적 기준보다 운동을 적게 했다고 해서 문제될 건 없다. 최악의 시나리오라고 해 봤자 운동 마니 아들이 평범하다고 보는 수준보다 느리게 발전하는 것뿐이다. 하지만 어차피 피트니스계의 기준 자체가 대부분 엉망이므로 당신이 잃을 건 없다. 그런 고민을 할 시간에 당신에게 더 유익 한 일을 하는 게 어떨까?

유익한 일을 할 재료를 고르는 것도 쉽지 않다. 팔 굽혀 펴 기는 왜 그렇게 종류가 많을까? 하지만 앞서 언급했듯이 당신 의 기분에 따라 마음 가는 대로 하면 된다. 특정 팔 굽혀 펴기 (혹은 스쿼트, 윗몸 일으키기)가 다른 유형과 비교해서 미세하게 다른 근육을 자극하고 특별한 효과를 내기도 하지만, 이런 효과 에 집착할 필요는 없으며 제일 중요한 건 계속 반복할 수 있는 루틴을 수립하는 것이다. 무작위로 선택하거나 기분 좋게 할 수 있는 운동, 혹은 멋지거나 섹시해 보이는 운동을 고르면 된다.

당신이 좋아하는 다른 활동, 좋았던 기억을 떠올리게 하는 운동도 좋다. 그 밖의 무엇이든 전부 가능하다.

내가 제일 좋아하는 운동은 '힌두식 팔 굽혀 펴기Hindu push up'다. 다운 도그(다리를 어깨 넓이로 벌리고 손으로 바닥을 짚은 후 엉덩이를 높이 들어 삼각형 모양을 만드는 자세)에서 업 도그 자세(동일한 자세에서 엉덩이를 아래쪽으로 내리고 상체를 곧게 하고 팔을 쭉 펴는 자세)로 움직였다가 다시 돌아가는 동작이다. 격투기 트레이닝에서 유명한 운동이고 나도 격투기를 배우다가 알았다. 나는 그 동작 자체가 재미있다. 내가 워낙 멋진 사람이다 보니 어깨 관절의 가동성과 안정성의 균형을 맞추는 운동을 선호하기 때문이다.

하지만 무엇보다 힌두식 팔 굽혀 펴기는 내가 기죽지 않도록 외부와 선을 그어 준다. 이 동작을 많이 하거나 준비 운동에서 제대로 해내면 헬스장 텃세gym bros들도 시비를 걸지 않거나 최소한 나를 덜 깔본다는 사실을 깨달았다. 지금은 혼자 운동하니까 남들에게 내 능력을 증명할 필요는 없지만 이 동작을 하다 보면 기분이 좋아지곤 한다. 이 자세가 내 어깨에 주는 효과도 좋지만, 계속하는 진짜 이유는 나 자신이 적극적이고 강하다고 느낄 수 있기 때문이다. 그리고 섹시해 보인다. '섹시해 보이고 강해지는 느낌이다' 정도면 수십 가지 변형 동작을 제치고 이 팔 굽혀 펴기를 선택할 만하지 않은가.

나의 에너지 레벨에 맞는
운동 설계하는 법

조각을 모았으면 이제 조립할 방법을 찾아보자. 다다이스트 Dadaist(기존의 사회적·예술적 전통을 부정한 반문명, 반합리주의 예술 운동—옮긴이), 1990년대에 유행했던 인더스트리얼 뮤지션(기존 음악을 해체하는 실험 음악의 한 장르로 산업 시대 기계음을 주로 사용한다—옮긴이), 프랑켄슈타인 박사가 기존 상태를 분해하고 재조립한 것처럼.

　지금부터 몇 가지 방법을 소개하려 한다. 순수한 체력 단련 관점에서 우리 목표에 완벽하게 부합하는 방식이다. 좀 더 전문적인 트레이닝을 받기 시작하면, 구체적인 목표에 따라 다른 것보다 특별히 나은 방법도 있다. 예를 들어 인터벌 트레이닝은 심혈관 기능과 체력을 키우고 싶은 사람에게 유용하지만 근육 성장에는 큰 효과가 없다. 앞으로 다른 구체적인 목표를 설정할 때는 접근법을 다시 생각해야 한다.

하지만 지금 당신이 원하는 몸을 만들기 위해 정신을 다잡기에는 이 방법들로 충분하다. 그러니 각 운동 방식이 어떤 심리 상태일 때 적합한지에 초점을 맞춰 살펴볼 것이다.

(항목마다 내가 좋아하는 짧은 루틴을 예로 들어서 같은 기본 동작을 각 운동법에 어떻게 적용할 수 있는지 제시했다. 내키면 특정 동작을 직접 해도 좋고, 아예 잊어버려도 괜찮다.)

횟수 세기

어떤 동작을 X번 하고, Y분 동안 쉬고, Z세트 반복한다. 이런 식으로 횟수와 세트를 세어 결과를 측정하면 된다(다른 사람에게 대신 세어 달라고 부탁할 수도 있다).

횟수와 세트라고 하면 보통 웨이트 리프트가 떠오르지만, 다른 운동법에도 이 개념을 적용할 수 있다. 트랙을 X바퀴 걷고, Y분 쉬고, Z세트 반복한다. 샌드백에 잽 X번, 지르기를 Y번 하는 식이다. 달리기 X바퀴, 한쪽당 런지 X회 같은 식으로 슈퍼세트를 구성할 수도 있다. 쉬었다가 원하는 만큼 세트나 슈퍼세트를 반복하자. 세트당 반복 횟수를 바꾸거나 세트 사이 휴식 시간을 변형해도 좋다. 좀 더 전문화된 트레이닝에서는 특정한 변형 루틴을 선택하는 이유가 있지만, 지금 당신은 관심을 잃지 않고 계속할 수 있는 방식을 고르는 게 제일 중요하다.

내 샘플 루틴은 사랑해 마지않는 섹시 팔 굽혀 펴기 5회와 스쿼트 10회로 구성된다. 세트 수는 그날의 전반적인 컨디션과 에너지에 달렸지만, 보통 4세트에서 6세트 정도. 그렇게 아픈 데가 없고 자세가 정확한지 확인하면서 팔 굽혀 펴기 5회와 스쿼트 10회를 하고, 곧바로 다음 팔 굽혀 펴기 5회와 스쿼트 10회를 한다. 웬만큼 기운이 남아 있고 계속 안전하게 움직이고 있다는 생각이 들면 계속한다. 어느 한 군데 아프거나 숨이 차면 멈춘다. 자세가 흐트러지기 시작하거나 피로가 몰려오면 마지막으로 한 세트만 더 한다.

자폐 증상이 있는 나는 내 행동을 통제하고 싶을 때 이 구성으로 운동한다. 더 솔직하게 말하면 내 인생에서 어떤 면이든 조금이라도 주도하는 기분을 느끼고 싶을 때 한다. 얼마나 많이

해야 하고, 얼마나 했고, 앞으로 몇 번 더 해야 하는지 정확하게 알 수 있기 때문이다. 그러면 미지에 대한 불안이 줄어들고 안정감과 주체 의식이 생긴다.

횟수와 세트를 기록할 때 너무 헷갈리면 적어 가며 운동하거나 다른 수단을 활용해 보자. 나는 머리가 멍할 때 고양이 장난감 6개를 매트 가장자리에 세우고, 세트를 끝낼 때마다 하나씩 반대쪽으로 치운다.

시간 재기

인터벌 트레이닝의 기본 원리는 모든 신체 활동에 적용될 수 있고 건강 상태가 어떻든 맞춰서 조정할 수 있다는 것이다. 한 동작이나 짧은 연속 동작을 X분 동안 하고, Y분 쉬고, 필요한 만큼 반복하자. 이 방법으로 업무와 휴식 비율을 내키는 대로 설정하면 된다. 10분 움직이고 1분 쉬어도 좋다. 5 대 1 또는 1 대 1도 괜찮다. 이 비율을 뒤집어서 쉬는 시간을 더 길게 하고 싶으면 그렇게 해라. 참고로 제일 인기 있는 인터벌은 1 대 2다. 이렇게 분 단위로 설정하는 게 버거우면 초 단위로 설정해라. 뭐든 당신의 몸과 뇌에 가장 효과 있는 방식을 선택하자.

나는 숫자 세기가 귀찮으면 타바타^{Tabata}(일본의 운동생리학자 타바타 이즈미가 고안한 운동 방식—옮긴이) 타이머를 설정하고(20초 운동, 10초 휴식, 8회 반복) 운동 구간에 팔 굽혀 펴기와 스쿼트를 번갈아 한다. 에너지와 의욕이 남으면 타바타 타이머를 사용해서 다른 운동을 한다. 컨디션이 좋지 않으면 숨을 돌리며 마무리한다.

나는 집중이 안 되거나, 집중하기 싫거나, 지나치게 생각이 많을 때 이 구성으로 운동한다. 타이머를 켜고 알람이 울릴 때까지 운동하는 동안은 안전하게 움직이는 것 말고는 아무것도 걱정하지 않는다. 기록하거나 점수를 매기지도 않는다. 외부에서 그만하라는 신호가 울리기 전까지 그냥 정해진 대로만 하면 된다(원한다면 시계를 쳐다봐도 되지만 내 경험상 오히려 더 불안하고 비참하기만 했다).

마음대로 구성해라

달리기에는 파틀렉^{fartlek}이라는 느슨한 규칙으로 반복하는 인터벌 트레이닝 방식이 있다. 파틀렉은 스웨덴어로 '속도 놀이'라는 뜻이며 의미는 이름 그대로다. 그날의 기분과 목표에 따라 속도와 거리를 변화시키면서 놀이하듯 달리는 방식이다. 구체적으로 거리와 시간을 정할 수도 있다. 예를 들어 1블록을 가는 동안, 혹은 1분 동안 속도를 높인다. 그다음 정해진 거리나 시간 동안 속도를 줄였다가 다시 속도를 올린다. 혹은 시간에 구애받지 않고 가까운 나무를 정해서 거기까지 전력으로 질주하고, 잠시 걸어가다가 다시 다른 나무를 고른다. 음악을 들으면서 특정 음악이 나올 때는 속도를 올리고 다른 음악이 나오면 처음의 느린 속도로 돌아온다.

파틀렉은 장거리 달리기를 위해 설계됐지만 달리기, 자전거, 인라인스케이트 등 앞으로 나아가는 유산소 운동에(전진 운동을 모방한 고정형 운동 기구에도) 쉽게 적용할 수 있다. 창의력을 발휘해서 파틀렉을 다른 형태로도 적용해 보자. TV를 틀고 화면에 나오는 장소가 바뀔 때마다 동작을 바꾼다. 음악을 틀고, 1절이 나올 때는 A 동작을, 후렴이 나오면 B 동작을 한다(내키면 전주가 나올 때도 동작을 바꾼다).

나는 세트 수를 세거나 타이머를 설정하기 귀찮을 때 음악을 틀곤 한다. 당신의 취향은 모르겠지만 나는 보통 스키니 퍼피Skinny Puppy(1984년에 데뷔한 캐나다 출신 인더스트리얼 밴드—옮긴이)의 〈어시밀레이트Assimilate〉나 칼리 레이 젭슨Carly Rae Jepsen(캐나다 출신 포크, 팝 가수로 국내에서는 〈콜 미 메이비Call Me Maybe〉로 유명하다—옮긴이)의 〈런 어웨이 위드 미Run Away with Me〉를 들으며 노래가 끝날 때까지 팔 굽혀 펴기 5회와 스쿼트 10회를 한다. 계속할 마음이 들면 다른 노래를 들으며 한 세트 더 한다. 계속 세트를 세어야 한다는 부담도 없고 타이머처럼 시간에 얽매이지도 않는다. 초 단위로 정확한 숫자에 구애받지 않아도 노래가 얼마나 흘렀고 얼마나 남았는지 알 수 있다.

파틀렉 방식 트레이닝은 스스로 움직임을 주도할 뿐 아니라 내 몸이 어떻게 느끼는지 관심을 가지고 그 반응에 따라 운동을 조정하도록 부드럽게 유도한다. 운동을 시작해서 어떤 기분인지, 어떻게 하고 싶은지 평가한 다음 이 정보에 따라 무엇에 도전할지 결정한다. 그리고 실행한다. 숨을 돌리고 나면 다시 평가하고, 그 결과에 맞춰 다음에는 무엇을 할지 정한다.

'크리스' 해라

이런 접근법을 뭐라고 해야 할지 모르겠다. 명칭 후보로는 '파틀렉 분해하기'와 '즉흥성 한 스푼'이 있었다. 하지만 전에

하루에 30분씩 운동해라

당신이 심리적으로 여유 있고, 다치지 않고 할 수만 있다면 하루 30분의 적당한 신체 활동은 몸과 마음을 건강하게 만들어 줄 것이다. 하지만 이것이 부담 없는 지침이 아니라 불가능한 기준으로 느껴진다면 그때부터 문제가 된다.

정확히 30분 만에 마법처럼 발휘되는 효과 따위는 없다. 하루 30분의 운동량을 채우지 못했다고 해서 효력이 사라지는 것도 아니다. 30분을 못 채울 텐데 뭐하러 하나 싶어서 아무것도 안 하는 것보다는 5분이라도 할 수 있는 만큼 움직이는 편이 낫다. 압박감에 시달리며 30분간 끔찍한 시간을 몇 번 견디다가 끝내 포기하는 것보다, 하루 5분 당신이 감당할 수 있고 어쩌면 즐겁기까지 한 활동을 루틴으로 정착시키고 점차 시간을 늘리는 편이 낫다. 해야 할 일을 걱정하느니 할 수 있는 일에 집중하는 편이 낫다.

실내 사이클링을 가르칠 때 항상 수업에 나타났던 남자의 이름을 차용하기로 했다. 크리스는 내가 운동을 왜, 어떻게 구조화했는지 다시 생각하게 만든 사람이다.

크리스는 늘 수업에 참석했지만 끝까지 한 적은 한 번도 없다. 두 곡 정도 따라 하다가 바이크에서 내려와 스튜디오를 돌아다니고, 다시 와서 두 곡쯤 더 타다가 또 사라졌다. 나는 처음에는 혼란스러웠고 자존심도 상했다. 운동 계획을 짜느라 얼마나 고생했는데. 감히 자기가 하고 싶은 대로 하다니!

하지만 대체 왜 그러냐고 크리스에게 물어봤다가 금방 그의 생각에 공감했다. 크리스는 바이크에서 내려와 사라진 동안 웨이트실에 들어가서 쥐어짜듯 근력 운동 세트를 몇 개 했다. 좀 이상하지만 훌륭한 방법이었다. 자신에게 확실히 맞는 방식으로 유산소와 근력 운동을 했으니까. 그는 강습실을 드나들면서 자신은 물론 누구에게도 해를 끼치지 않았다. 방해하지도 않았다. 주어진 공간과 시간을 활용해서 원하는 운동을 했을 뿐이다.

나는 본격적인 운동을 할 시간이나 에너지, 의지가 부족할 때 크리스의 방법을 쓴다. 일상생활을 하다가 여유가 나면 팔굽혀 펴기 5회와 스쿼트 10회, 혹은 둘 중 하나를 한다. 하루에 목표하는 세트 수를 적은 다음 운동하면서 줄을 그어 지우기도 한다. 적는 게 부담스러우면 그냥 운동할 수 있을 때 하고, 웬만큼 했으니 됐다 싶을 때나 피곤할 때 그만한다.

이런 방식은 일반적인 운동 형식에 맞추기 힘들 때 간편할 뿐 아니라 형식에 구애받을 필요가 없다는 사실을 되새길 때도 도움이 된다. 당신은 원할 때 원하는 방식으로 움직이면 그만이다.

내가 보기에 무조건 지켜야 할 원칙은 하나뿐이다. 중간 강도, 혹은 고강도 동작을 크리스식으로 하고 싶으면 부상을 방지하고 힘든 동작이 전반적으로 덜 힘들 수 있게 짧은 준비 운동을 해야 한다는 것이다.

지금까지 제시한 방식이 지나치게 형식이 없는 것 같으면, 161쪽의 기본적인 모듈식 운동을 설계할 수 있는 템플릿을 참고해라. 이 템플릿을 기본 코스 메뉴라고(나와 사고 구조가 비슷하다면 그랜드 슬램이라고) 생각하면 된다. 먼저 앞서 설명한 내용을 참고로 추적 기록 방식을 고른다. 그다음 준비 운동, 3~5가지 운동, 마무리 운동을 정한다. 준비 운동을 한 뒤 3~5가지 운동을 한 번에 하나씩 한다. 체력이 남았거나 감당할 수 있는 선에서 계속하고 싶으면 운동을 반복한다. 그다음에도 여전히 기분이 좋으면 한 번 더 한다. 필요한 만큼 반복하자(반복하지 않아도 된다. 한 번에 하나씩 하고 넘어가도 아무 문제 없다).
운동이 끝나면 마무리한다.

몇 가지 선택지는 무척 단순하다. 예를 들어 '시간 재기'를
선택하면 준비 운동 X분, 운동(들) Y분, 마무리 Z분만 정하면
된다. 좀 더 창의력을 발휘할 수도 있다. 예를 들어 좋아하는 노
래의 후렴 안무를 X번 따라 춘다든지, 머리 위로 팔을 X번 흔들
기로 하고 그 숫자에 도달할 때까지 춤을 춘다(세는 방식을 섞을
수도 있다. 예를 들어 스쿼트 횟수를 센 다음 타이밍에 맞춰 댄스 브레
이크로 넘어간다).

X와 Y, Z를 정하는 건 당신 몫이다. 다시 말해 반복 횟수나
시간은 마음대로 정하라는 뜻이다. 이번 장에서 언급한 모든 요
소를 적용해서 당신의 상황에 맞게 적당한 운동량을 파악하자.

지금까지 제시한 동작은 마음껏 수정하거나 대체하고, 시
간도 얼마든지 조절할 수 있다. 아니면 그대로 따라 해도 좋다.
무엇이 되었든 당신에게 가장 효과적인 방식을 선택해라.

당신만의 운동을 설계해라

1	**측정 방법 고르기** • 횟수 세기(예: 반복 횟수, 세트) • 시간 재기(예: 인터벌, 라운드) • 마음대로 구성하기(예: 파틀렉) • '크리스' 하기(예: 하루 동안 임의로 움직이기)
2	**준비 운동 고르기** • 걷기 • 가벼운 조깅 • 동적 스트레칭(185쪽 참조)
3	**3~5가지 운동 고르기** 유산소, 근력, 유연성 운동 중에 고르거나 조합한다. • 유산소 　걷기, 조깅, 무릎을 들어 올리며 조깅, 전력 질주, 팔 벌려 뛰기, 계단 걷기(한 층이나 여러 층 오르내리기), 춤추기(내키는 대로), 섀도복싱 • 근력 　스쿼트, 숄더 브리지, 런지, 팔 굽혀 펴기(벽에 대고, 무릎 대고, 혹은 발을 대고), 벽 천사 자세, 백 익스텐션(하체를 고정하고 등

3	을 뒤로 젖히며 상체를 들어 올리는 동작—옮긴이), 플랭크, 사이드 플랭크 • 가동성 무릎 들어 올리며 걷기, 뒤꿈치 차기(엎드려서 팔뚝으로 지탱한 채 한쪽 무릎을 굽혀 바닥에 대고, 다른 쪽 다리를 뻗어서 뒤로 차는 동작—옮긴이), 서서 골반 돌리기(한 다리로 서서 다른 쪽 무릎을 굽히고 각 방향으로 고관절로 원을 그린다), 상체 돌리기, 팔 돌리기, 고양이 자세, 소 자세 스트레칭(무릎과 손바닥으로 바닥을 지탱하고 고양이처럼 등을 둥글게 말았다가 소처럼 허리를 펴는 동작—옮긴이)
4	마무리 운동 고르기 • 제자리 걷기 • 정적 스트레칭(184쪽 참조) • 바닥에 누워 부드럽게 전신 흔들기

5장

자신에게 집중하고 싶으면
스트레칭을 해라

스트레칭에 대한 오해와 진실

Work It Out

거창하게 운동할 기분이 아니라면, 간단한 스트레칭은 어떨까?

스트레칭은 지금 바로 시작할 수도 있다. 먼저 곧은 자세로 앉거나 선다(눕는 편을 선호한다면 등을 대고 누워서 다리를 굽히거나 똑바로 편다). 그다음 지금 읽고 있는 책이나 전자책을 눈앞에서 들고 어깨를 부드럽게 살짝 내리면서 승모근(목과 어깨, 등 윗부분에 걸쳐 뻗은 근육)의 긴장을 푼다. 잊지 말고 계속 호흡한다.

팔과 상체를 제자리에 두고 머리를 부드럽게 오른쪽으로 돌리고 몇 초 머물렀다가 다시 가운데로 돌아온다. 왼쪽도 똑같이 반복한다.

이제 곧은 자세를 유지하면서 계속 앞을 보며 머리를 오른쪽으로 기울인다. 귀를 부드럽게 어깨로 내린다고 생각해라(어깨를 귀 쪽으로 올리지 않게 주의한다). 그대로 몇 초 유지했다가 천천히 가운데로 돌아온다. 그다음 머리를 왼쪽으로 기울이고 멈춘다. 다시 가운데로 돌아온다.

숨을 들이마시며 조심스럽게 어깨를 움츠린다. 내쉬면서 다시 내려놓는다. 마시며 움츠리고 내쉬면서 내린다. 한 번 더 반복한다. 이제 힘을 뺀다.

지금까지 당신이 따라했다면, 당신은 지금 운동을 한 것이다. 그렇다, 이것이 스트레칭이다. 물론 의구심이 드는 것도 이해한다. 스트레칭이 폭발적인 운동이라고 할 수는 없지 않은가. 강해지는 기분이 들지도, 특별히 뽐낼 만하지도 않다. 러너스 하이는 있어도 '스트레처스 하이'는 없다. "나 고관절 가동성 수업에서 끝내줬어!" 이런 말을 하는 사람도 없다(사실 나는 한다. 괴짜들과 어울리는 괴짜니까).

유연성 트레이닝이 무엇이고 왜, 어떻게 하는지에 이르기까지, 우리가 아는 모든 게 끊임없이 바뀌었다. 이렇게 진화하고 재평가하는 과정에서 많은 혼란과 오명이 남았다. 아마 당신은 스트레칭이 다른 운동보다 쉽거나 덜 진지하다는 인상을 받았을 것이다. 별로 효과 없다는 말도 들었을 것이다. 이런 말을 듣다 보면 과연 스트레칭을 할 가치가 있는지 의심하기 마련이다.

유연성 트레이닝에 쏟아지는 비판은 대부분 부당하다. 아니라고 해도 미묘한 차이와 균형을 놓치는 듯하다. 본인이 쉽게 하고 싶으면 몰라도 유연성과 가동성 트레이닝이라고 해서 무조건 쉬운 건 아니다. 이런 운동을 가볍게 생각하는 사람의 눈에는 별로 어려워 보이지 않는 경향이 있다. 특히 일부 헬스 마니아들은 유연성과 가동성을 다루는 운동은 대충 하고, 자기 생각에 얻을 게 없다 싶으면 원칙 전체를 무시한다. 제대로 된 운동이 아니라고 생각하면서도 지도에 귀를 기울이고 동작을 따라 하는 사람을 나는 한 번도 본 적 없다.

스트레칭의 효과가 있는지 없는지는 당신이 무엇을 하며 거기에 어떤 기대를 거느냐에 달렸다.

안타깝게도 최근 연구 결과에 따르면 예전 체육 수업에서 배웠던 스트레칭의 효과는 대부분 사실이 아닌 것으로 밝혀졌다. 최소한 우리가 배운 방식으로 하면 효과가 없다. 전혀 움직이지 않다가(가벼운 유산소 운동을 하다가 멈추고 살짝 근육이 따뜻해지더라도) 뻐근할 때까지 근육을 자극해서 몇 초간 유지하는 건 부상을 방지하지도, 경기나 운동 중에 성과를 개선하는 데 도움이 되지도 않는다. 차가운 근육을 다칠 때까지 마구 잡아당기는 건 참사를 재촉하는 짓이다. 성장기에 그토록 꾸준히 몸과의 관계를 망쳤음에도 그만큼 몸이 망가지지 않은 건 기적이라고 할 만하다(전체 가동 범위에 걸쳐 관절을 유연하게 움직이는 동적 스트레칭dynamic stretching은 경기력 향상과 부상 방지에 도움이 된다. 하지만, 서서히 강도를 높이고 혈류를 자극하며 근육 조직을 데우는 다른 활동보다 효과적이라는 증거는 아직 나오지 않았다. 동적 스트레칭과 가동 범위는 나중에 더 자세히 다룰 예정이다).

한때 우리에게 약속한 것과 달리 기본 스트레칭은 아무리 열심히 해도 근육 형태가 바뀌지는 않으며, 스트레칭만으로는 가동 범위가 확대되지도 않는다. 운동 후 경험하는 근육 통증이 줄지도, 쥐가 나거나 염좌를 입었을 때 일시적으로 고통을 완화해주는 이상의 역할을 하지도 않는다. 사실 스트레칭을 지나치게 하면 부상으로 이어지고 더 고통스러워진다.

하지만 고통을 느끼지 않는 선에서 가능한 만큼 근육을 자극하고, 일정 시간 동안 자세를 유지하면 운동할 때의 신체적 느낌과 불편함을 인식하는 방식이 '확실히' 바뀌는 듯하다. 이렇게 스트레칭 허용 한계가 증가하면 장기적으로 점차 유연성이 개선될 수 있다. 이런 이점이 근력 트레이닝이나 유산소 운동을 했을 때의 효과보다 확실하거나, 측정 가능하거나, 상대적으로 빠르지는 않다. 한마디로 스트레칭을 하면 더 빠르거나 탄탄해지지는 않지만 스트레칭을 더 잘하게 된다.

사람들이 스트레칭은 효과가 없다거나, 같은 맥락으로 내가 참 싫어하는 "스트레칭은 효과가 없어. 그냥 기분만 좋아질 뿐이지"라고 하는 말은 이런 배경에서 나왔을 것이다. 구체적인 목표가 있는 사람들에게는 맞는 말이다. 다리 찢기를 하고 싶고, 인생 최고의 경기나 운동을 하고 싶고, 다치는 건 피하고 싶고 다음 날 근육통 때문에 운동을 미루기 싫은 이들에게 단순한 기본 스트레칭은 별로 도움이 되지 않는다(이런 말을 해서 유감이지만 다음 날 근육통을 크게 줄여 주는 운동 전후 비결이나 보충제는 전혀 찾지 못했다. 아픔이 자연스럽게 사라질 때까지 고통받고 허공에 욕하는 수밖에 없다). 당신이 아름다운 몸과 확실한 성과에서 동기를 얻는 편이라면 스트레칭에 집중해선 안 된다.

하지만 조금씩 움직임을 개선하고 기분을 띄워 주는 적당하고 부담 없는 운동을 원한다면 스트레칭이 도움이 된다. 운동이나 자기 몸과 멀어졌던 사람이 기분 좋고 보람차게 움직일 방법을 찾는다는 건 엄청난 기적이다. '기분만 좋아질 뿐'이라고? 그걸 '뿐'이라고 치부할 수는 없다(그리고 유연성과 가동성 트레이닝 방식에 따라 기분이 좋아지는 것 이상으로 다양한 효과를 볼 수 있다. 그 내용은 곧 다룰 예정이다).

기분을 개선하고 좀 더 보람차게 움직이는 게 목적이라면 스트레칭이 좋은 시작이 될 수 있다. 그런 맥락에서는 스트레칭의 한계조차 유리하게 작용한다. 스트레칭에서 중요한 건 얼마나 격렬하게 움직이고 어떤 성과를 얻을 수 있는지, 외모는 어떻게 바꿀 수 있는지가 아니다. 기분이 어떻게 변하는지, 이런 기분이 어떤 효과를 주는지에 초점을 맞춰야 한다. 이런 운동으로 크게 가시적 효과를 얻을 가능성이 없으니 지나치게 자신을 몰아붙일 필요도 없다. 그러니 스트레칭을 하면서(혹은 하고 나서) 무엇이 당신을 기분 좋게 하는지에 집중하면 된다.

스트레칭을 하면서 자기 기분에 집중하는 건 부수적인 효과가 아니다. 오히려 이 과정을 구성하는 근본 요소다. 스트레칭을 하려면 몸 상태를 확인해야 한다. 근육이나 근육군이 통증을 느끼지 않는 선에서 움직여라(가벼운 불편감은 괜찮지만 아프면 지나치게 움직인 것이다). 몇 초 정도 그 자세를 유지하며 의식적으로 호흡을 지속해라. 그다음 부드럽게 자세를 풀고 근육이 어떤 느낌인지 평가해 본다. 어떤 면에서든 뭔가 좋지 않으면 그에 맞춰 조정해라. 일부 스트레칭 프로그램에서는 자신의 정신과 감정도 고려하라고 격려할 것이다. 감정은 당신의 느낌과 움직임에 영향을 주므로 진지하게 생각해야 한다. 심리 상태 때문에 몸이 받는 스트레스를 키우는 게 아니라 해소하는 방향으로 스트레칭하자.

기본 스트레칭은 전반적인 장점에 더해 우리가 이 책에서 다루는 일부 문제에도 유용하게 적용할 수 있다. 신체 인식body awareness(자기 몸이 어떻게 움직이고 기능하는지 스스로 인식하는 일―옮긴이)이 힘들었던 사람이라면 스스로 할 수 있는 사소한 루틴은 부담스럽지 않게, 비판받지 않고 답을 찾아볼 계기가 된다. 신경이 날카로울 때는 스트레스를 해소하고, 마음이 불안할 때는 안정감을 주기도 한다.

침대 밖으로 나오기 힘들 만큼 극도로 고통스러운 우울증에 시달린다면, 가벼운 스트레칭을 통해 큰 노력 없이 성취감을 느끼고 신체적 고통을 조금이나마 줄일 수 있다. 태아 자세로 오랫동안 몸을 웅크리고 있다가 살짝 가슴 스트레칭을 하면 세상의 무게가 아주 조금, 잠시 가벼워진 느낌이 든다.

스트레칭이라고
쉽게 생각해선 안 된다

모든 사람의 건강에 도움 되고 유익한 운동은 존재하지 않는다. 스트레칭 역시 다양한 사람들에게 유용한 활동이지만 예외는 아니다.

당신이 부상이나 수술에서 회복 중이라면, 의사나 물리 치료사에게 현재 당신의 상태를 고려해 어떤 운동이 안전한지(그런 운동이 있는지) 상담해야 한다.

특정 관절이 심하게 늘어나는 사람은 이 관절과 연결된 근육을 단련할 때 특히 조심하고 신중해야 한다. 이런 경우 과도하게 스트레칭을 해도 아무 느낌이 나지 않는다. 최악의 경우

스트레칭으로 다치고, 그 부위의 고질적인 문제가 더 심해질 수 있다. 이럴 때는 관절의 안정성과 가동성의 균형을 맞추는 데 초점을 둔 운동이 더 낫다. 의사나 동작 전문가에게 어떤 운동이 더 나은지 조언을 구해라(재활 치료와 PT를 겸하는 필라테스 학원이 이런 훈련에 좋긴 하지만, 다른 선택지도 존재한다).

엘러스-단로스 증후군Ehlers-Danlos Syndrome, EDS(피부 아래 결합 조직에 이상을 일으키는 선천성 질환으로 피부가 잘 늘어나고 관절이 매우 유연하다—옮긴이)처럼 결합 조직에 영향을 주는 문제가 있는 사람은 유연성 트레이닝에 아주 신중하게 접근해야 한다. EDS라고 해서 이런 트레이닝을 안전하게 하는 게 불가능하지는 않지만 스스로 유의해야 한다. 운동이 당신에게 맞지 않거나 조심하지 않으면 다치거나 문제가 될 가능성이 크다. 진행하기 전에 의사나 전문가와 꼭 상담하길 바란다. 당신과 당신의 몸을 잘 모르면서 운동을 좀 안다고, EDS를 한 번쯤 들어 봤다고 스스로 전문가라고 착각하는 사람이 하는 말은 절대로 듣지 말자. 또한 EDS 커뮤니티를 확인해 실제로 질환을 보유한 사람들에게서 조언과 도움을 구해라.

개인적인 경험상, 상황이 완벽하게 굴러가지 않을 때 자책하는 경향이 있는 사람들은 기분이 내키더라도 이런 트레이닝을 조심스럽게 접근해야 한다. 스트레칭을 안전하고 효과적으로 하려면 자기 한계를 인식하고 받아들일 필요가 있다. 스스로 인식하고 수용해야 한다는 생각이 들지 않으면, 지나치게 심하게 몰아붙이다가 결국 다치기 쉽다. 운동하다가 '내가 잘못해서 아픈 것 같아. 아픈 걸 참고 버텨야 하나 봐'라는 생각이 들 때가 바로 물러나야 할 시점이다. 정말 계속하고 싶으면 잠시 시무룩하게 아기 자세로 쉬어 가라. 꼭 유연성 운동이 아니더라도 산책하거나 쉬면서 머리를 식혀도 좋다.

마지막으로 스트레칭을 떠올리기만 해도 짜증 나고 다 그만두고 싶을 정도로 싫으면, 꼭 해야 할 필요는 없다. 스트레칭을 안 한다고 해서 운동이 처참한 결과로 끝나지는 않는다(준비운동과 마무리는 성과 향상과 부상 예방에 중요한 역할을 하지만 스트레칭 비슷한 뭔가를 꼭 넣어야 하는 건 아니다).

발가락에 닿아야 한다

한때 인간의 팔이 다리를 향해 어디까지 뻗느냐에 따라 유연성이 결정된다는 생각이 널리 퍼져 있었다. 우리는 헬스장에서도 학교에서도 앉아서 팔 멀리 뻗기 시험을 치르곤 했다. 바닥에 앉아 다리를 펴고, 고관절을 앞으로 접으면서 얼마나 멀리까지 닿는지 측정하는 시험이다.

이론상 이 측정 방법을 통해 햄스트링과 허리뼈가 얼마나 유연한지 평가할 수 있다고 한다. 틀린 말은 아니지만 최근 이 방식에 문제가 있다는 사실이 드러났다. 척추와 다리 가동성에 영향을 미치는 요인에는 스스로 통제할 수 없는 것도 다수 포함돼 있다. 당신이 유연하더라도 팔 길이가 짧아서 멀리 뻗지 못할 수도 있다. 골반 구조와 고관절이 접히는 방식이 문제가 되기도 한다.

일부 운동 전문가는 지금도 앉아서 팔 멀리 뻗기와 발가락 만지기로 전반적인 유연성을 측정한다. 당신은 발가락에 손이 닿는 사람을 보고 '저 사람은 유연성이 좋은가 보다'라고 생각할 것이다(과신전이나 다른 문제가 없다는 전제가 있어야 하지만, 어쨌든 그건 별개의 문제다). 하지만 그 목표를 달성하지 못한다고 자책할 필요는 없다. 실제로 햄스트링이 뻣뻣하고 허리가 경직돼서 그렇다고 해도 마찬가지다. 발가락 만지기로 당신의 유연성과 전반적인 건강, 인간으로서의 가치를 정확하게 측정할 수는 없다.

상황별, 성향별
효과적인 스트레칭

지금까지 언급한 내용은 대부분 정적 스트레칭static stretching과 관련이 있다. 내가 알기로는 일반인이 스트레칭이라고 하면 제일 먼저 떠올리는 게 정적 스트레칭이다. 비평가들이 '스트레칭은 효과 없다'고 할 때 집중하는 분야이기도 하다. 하지만 정적 스트레칭은 이 책에서 하고 싶은 수많은 일을 시작하는 훌륭한 발판이 될 수 있다. 그래서 이 주제부터 다루기로 했다.

오늘날의 유연성 트레이닝은 옛날식 앉아서 팔 멀리 뻗기보다 훨씬 다채롭다. 스트레칭 방법도 다양하고 유연성과 가동성을 바라보는 관점, 이 모든 것을 실행하는 방식도 여러 가지다. 이제 가장 인기 있는 스트레칭 유형이 무엇인지, 어떤 느낌이고 어떻게 진행하는지, 누구에게 유용한지 간단히 살펴보면서 스트레칭 세계에 좀 더 깊이 빠져 보자.

앞서 언급했던 주의 사항은 스트레칭에도 모두 적용된다.

정적 스트레칭

정적 스트레칭은 근육이나 근육군에 긴장이 느껴질 때까지 자세를 취하고 정해진 시간 동안 유지하는 방식이다. 원하는 만큼 길거나 짧게 할 수 있지만 전문가들은 대부분 20초에서 40초 정도 유지하라고 추천한다. 예전 이론에서는 움직이지 않고 자세를 유지하면 신장 반사stretch reflex(근육 길이를 조절하는 작용)를 극복하고 스트레칭 범위를 넓힐 수 있다고 말한다. 새로운 이론에 따르면 이 시간은 감각이 몸의 변화에 적응하는 데 도움을 준다. 근력이 강해지는 건 아니지만 힘든 운동을 했을 때 다르게 받아들인다는 것이다. 우리 몸에 벌어지는 일을 과학적으로 어떻게 설명하든, 당신이 무엇을 하고 어떻게 느끼는지는 변하지 않는다. 움직여서 자세를 잡고 유지하다 보면 긴장이나 약간의 불편함은 어느 시점엔가 살짝 완화된다. 그 시점에 원한다면 조심스럽게 좀 더 근육을 자극하고, 다시 멈췄다가 계속 호흡하면서 시간이 되면 부드럽게 자세를 풀어 준다.

정적 스트레칭의 가장 큰 장점은 신체적·정신적 불안을 해소하는 데 있다. 우울증이나 스트레스가 몸에 가져오는 중압감을 덜어 주고 불안이 극한으로 끌어올린 긴장을 완화한다. 비교적 수월하게 할 수 있으니 기력이 없지만 성취감을 느끼고 싶거나 오늘 하루 뭔가 했다는 느낌을 받고 싶을 때 유용한 운동이다.

보조 스트레칭

이 용어는 누가 사용하느냐에 따라 두 가지 의미를 지닌다. 만약 운동 전문가, 물리 치료사, 혹은 운동광이 사용한다면 외부에서 작용하는 힘에 맞서 근육을 수축하고 이완하는 스트레칭을 포괄적으로 가리킨다. 이 접근법 중에 가장 유명한 건 고유 감각 신경근 촉진Proprioceptive Neuromuscular Facilitation, PNF 이다. PNF의 구체적인 내용은 요법에 따라 다르겠지만 중요한 것은 다른 사람(코치, 운동 파트너, 어쩌다 함께 이 운동에 엮인 배려심 있는 일반인)이 당신의 팔을 움직여서 스트레칭하고 그 자세에 머무르게 한다는 것이다. 당신은 몇 초 동안 최대한 그 사람을 밀어서 근육을 수축한다. 그다음 근육을 이완하며, 상대는 당신의 팔이 편안하도록 더 부드럽게 풀어 준다. 그리고 이 과정을 반복한다.

나는 신입 트레이너 시절 이 과정이 골지 힘줄 기관golgi tendon organ(근육의 긴장 및 수축을 조절하는 기관)에 과부하를 주고 유연성 트레이닝을 할 때 가동 범위를 넓혀 준다고 배웠다. 하지만 이 이론은 최근 스트레칭에 대한 지식과 함께 진화했다. 일부 전문가는 PNF 스트레칭이 다른 방법보다 스트레칭의 한계에 큰 영향을 준다고 보지만, 내가 확실히 말할 수 있는 건 이런 근육의 작용에 대한 우리의 생각이 변한다는 것뿐이다.

내가 보기에 이런 접근법은 PT를 하지 않는 이상 일반인에게 다른 스트레칭에서 얻을 수 없는 특별한 효과를 가져다주지 않는다. 이 방식으로 했을 때 기분이 좋거나, 혼자 토끼굴을 파고 운동 방법을 연구하면서 의욕이 생기는 스타일이 아니라면 굳이 이 트레이닝에 신경 쓸 필요는 없다. PNF식 햄스트링 스트레칭의 어딘가 야릇한 구석(약간 섹시해 보인다)을 곱씹으며 일시적으로 기분이 좋아진다면 또 모르지만.

하지만 폭넓은 관점에서 보조 스트레칭은 외부에서 도움을 받는 정적인 스트레칭에 속한다. 다른 사람이나 요가 스트랩, 집 안에 있는 물건들(벨트, 수건, 셔츠 등) 같은 운동 장비의 도움으로 자세를 잡고 유지하는 방식이기 때문이다. 내가 진심으로 추천하는 방법이기도 하다.

수건을 발에 감고 마구 다리를 잡아당기는 건 금물이다. 하지만 어떤 자세를 취하고 유지하기 힘들거나 조금이라도 불편하면 무엇이든 필요한 소품을 활용해서 효과를 얻는 게 좋다. 도움이 필요하다고 해서 당신의 몸이 잘못되거나 망가진 건 아니며, 다른 물건을 사용한다고 반칙은 아니다.

내 햄스트링은 뻣뻣할 때가 많다. 아무 도움 없이 누워서 혼자 햄스트링을 스트레칭하면 잘될 때가 거의 없다. 자리에 누워서 한쪽 다리를 천장 쪽으로 들어 올리고, 종아리나 허벅지를 잡아서 내 쪽으로 당기면 손이 미끄러진다. 혹은 나도 모르게 자세가 흐트러진다. 무릎이 마음대로 움직여서 과신전하기도 한다. 아니면 뭔가 경련이 일기 시작한다. 그러면 스트레스를 받고, 상체는 긴장하고, 수치심의 소용돌이에 휘말린다. 하지만 플렉스밴드flexband(스트레칭에 사용하는 넓적하고 긴 고무 밴드—옮긴이)로 발바닥을 감싸서 양 끝을 손으로 잡고 부드럽게 다리를

당기면, 긴장 없이 편안한 기분으로 존재의 위기에 빠지지 않고
도 햄스트링을 스트레칭할 수 있다.

동적 스트레칭

동적 스트레칭은 몸을 관절 가동 범위Range Of Motion, ROM(관
절 가동 범위는 아프거나 크게 불편하지 않게 할 수 있는 동작을 뜻한
다. 최대한 할 수 있는 동작이 아니라는 점을 주의하자. 예를 들어 관골
구를 움직인다면 당신의 관절 가동 범위는 통증이나 불편함, 우둑거리
는 소리 없이 다리를 회전하고, 들고, 흔들 수 있는 범위다) 전체에 걸
쳐 움직이는 활동적인 스트레칭이다. 상체 비틀기, 플랭크 자세
로 걷기, 뒤꿈치 차기 등이 동적 스트레칭에 속한다. 기본적으
로 앞뒤 좌우로 흔들거나 회전하기, 구부리기, 곧게 펴기 같은
동작을 스스로 조절하며 매끄럽게 할 수 있다면 이 스트레칭
방법을 사용하면 된다.

동적 스트레칭은 혈류를 촉진하고 말 그대로 근육의 온도
를 높이며, 신체 인식을 개선하기 좋은 방식이다. 그래서 준비
운동으로도 인기가 높지만 정신 건강을 개선할 때도 여러모로
유용하게 적용할 수 있다. 나는 우울감 때문에 찌뿌둥하고 멍할

때 혈액 순환 효과를 활용한다. 간단한 일련의 동작으로 비교적 수월하게 정신을 깨울 수 있다. 에너지 드링크 원샷에 맞먹는 효과는 아니지만 조금 더 살아 있는 기분을 느끼게 해 준다.

당신의 몸과 운동을 좀 더 긍정적으로 생각하고 싶으면 신체 인식을 개선해야 한다. 주요 관절 전체를 가동 범위에 맞춰 움직이다 보면 격렬한 운동을 해야 한다는 부담과 더 잘해야 한다는 불안 없이 신체 부위가 무엇을 하고 있는지, 그럴 때 어떤 기분인지 배울 수 있다. 예를 들어 지금 당신의 어깨로 시험해 보자. 적당한 속도로 원을 그리듯 어깨를 앞뒤로 움직이면서 어깨 관절이 어떤 느낌인지 집중한다. 이제 다시 어깨를 돌리면서 어깨뼈가 동작에 적응하기 위해 어떻게 움직이는지 살펴본다. 여러 신체 부위를 움직이려고 근육이 함께 일하는 게 느껴지는가(당장 아무것도 안 느껴진다고 스트레스를 받을 필요는 없다. 신체 인식을 개발하는 건 과정이다. 언젠가 느껴질 것이다)? 경험상 이 작업에 대한 관심도는 당신의 괴짜력에 달렸다. 하지만 나는 운동이라면 질색하고, 지친 영혼을 가둔 살과 뼈에는 아무런 자각도 호기심도 없다가 이렇게 운동에 푹 빠졌다. 다른 사람에게도 이런 일이 일어날 수 있다고 믿는다.

정적 스트레칭과 동적 스트레칭

스트레칭 동작의 시범 영상을 보면서 당신이 제대로 하는지 확인하고, 같은 목표를 달성할 수 있는 다양한 스트레칭 방법을 찾는 것도 물론 유익하다. 하지만 일단 시작하기 위해 기본적인 정적 스트레칭 전신 세트와 동적 스트레칭 방법을 소개한다(스트레칭 동작 자체에 집중할 수 있게 스트레칭 명칭 대신 포함된 동작에 따라 구분했다. 이런 동작만 하면 뭐든 스트레칭이 될 수 있다).

정적 스트레칭

- 가슴 펴기: 팔을 양옆으로 뻗고 양쪽 어깨뼈를 모으면서 위쪽을 바라본다.
- 등 말기: 손과 무릎으로 바닥을 짚는다. 머리를 아래로 떨어뜨리면서 척추를 천장 쪽으로 들어 올린다(고양이 자세).
- 고관절 확장하기: 똑바로 서서 왼발을 뒤쪽으로 차면서 왼손으로 왼발을 잡는다. 발을 뒤쪽으로 당긴다(좀 더 자극을 주고 싶으면 이 자세를 유지하면서 치골을 부드럽게 앞으로 보낸다). 다리를 바꾼다.
- 고관절 구부리기: 선 자세에서 부드럽게 오른쪽 다리를 굽히고 왼쪽 발꿈치를 당신 앞에 있는 낮은 테이블이나 의자, 계단에 올린다. 등을 구부리지 말고, 몸을 앞으로 숙이면서 왼쪽 다리 뒤편이 스트레칭되는 게 느껴질 때까지 고관절을 뒤로 보낸다. 방향을 바꾼다.

- 관골구(엉치뼈 양 끝에 있는 우묵하게 들어간 부분—옮긴이) 돌리거나 흔들기: 한 번에 한 다리씩 바깥으로, 위로 차거나 좌우로 빙 돌린다.
- 고관절 구부리기: 제자리에서 걷거나 뛰면서 무릎을 엉덩이 높이로 들어 올린다.
- 고관절 곧게 펴기: 제자리에서 걷거나 뛰면서 발로 엉덩이를 찬다.
- 어깨를 돌리거나 흔들기: 팔을 앞뒤로 돌려 크거나 작게 원을 그린다.
- 척추 회전하기: 옆구리를 좌우로 비튼다.
- 엉덩이부터 머리까지 척추를 굴리듯이 눕기(그리고 다시 일어나기): 요가나 필라테스 수업에서 많이 하는 동작이다.

탄성 스트레칭

동적 스트레칭은 가끔 탄성 스트레칭ballistic stretching이라는 방식과 함께 사용되며, 일부 운동 자료에서는 탄성 스트레칭을 동적 스트레칭의 아류로 보기도 한다. 이렇게 헷갈리면서도 섞어 쓰는 이유는 두 접근법 모두 몸의 가동 범위에 맞춰 움직이는 적극적 스트레칭이기 때문이다. 차이는 동적 스트레칭의 경우 매끄럽고 절제된 동작 위주인 반면 탄성 스트레칭은 맥박이 빠르게 뛰고, 왔다 갔다 하다가 다시 튀어나오는 동작이 많아서 정확히 알고 하지 않으면 통제하기 무척 힘든 방식이라는 점이다.

탄성 스트레칭은 고강도 에어로빅이 유행한 1980년대에 큰 인기를 끌었다. 오리지널 제인 폰다 비디오에서 갑자기 급격하게 움직이는 장면, 누군가 튀어 올랐다가 내려오면서 발가락을 만지는 모습을 봤다면 이런 게 탄성 스트레칭이다. 하지만 관절을 급히 튕기는 동작은 일반인에게 장점보다는 단점이 많다고 전문가들이 결론 내리면서 전반적으로 인기가 식었다. 최근에는 일류 운동선수들을 위한 훈련에만 사용된다. 하지만 전반적인 운동 트렌드와 철학을 주시하는 사람으로서 탄성 스트레칭이 다시 유행할 것이라는 생각이 들어서, 여기서 다루고자 한다.

당신이 미래에 이 책을 읽고 있고, 탄성 스트레칭이 안전하고 다른 스트레칭으로는 불가능한 놀라운 효과를 준다는 게 증명됐다면(《월간 운동 경향Exercise Trends Monthly》을 구독하거나, 온 친구들이 입을 모아 새로 유행하는 무릎 튕기기bouncyknees 운동을 언급할 때 알아차릴 수 있을 것이다) 당연히 열심히 하길 바란다. 하지만 이 스트레칭의 위험에 비해 장점이 모호한 상태라면 몇 가지 고려할 점을 소개한다. 탄성 스트레칭 동작은 전반적으로 잘하기가 쉽지 않다. 게다가 지금 당신이 산만하고, 피곤하고, 자신에게 관대하지 못하고, 신체 인식이나 기분 문제로 고생하는 상태라면 훨씬 더 힘들어진다. 나는 탄성 스트레칭에서 이런 단점을 감수할 만큼 대단한 신체적·정신적 효과를 보지 못했다. 그래도 탄성 요소가 포함된 운동을 하고 싶으면, 맥박 올리기 구간은 건너뛰고 동작을 정적 스트레칭이나 동적 스트레칭으로 변형해서 시도해 보자. 내가 폰다 비디오를 볼 때는 그렇게 한다.

자가 근막 이완

자가 근막 이완Self Myofascial Release, SMR은 하나하나 단어를 해석하면 폼 롤러나 공 같은 도구를 사용해서 신체 곳곳에 있는 결합 조직의 뻐근한 부분, 즉 근막과 압통점을 부드럽게 이완하는 것이다.

자세한 내용은 방법과 강사에 따라 다르지만 일반적으로 말하면 당신이 고른 도구를 근육이나 근육군 한쪽에 깔고 그 부위에 적당히 체중을 실은 다음, 특히 불편한 지점에 닿을 때까지 몸을 움직인다. 그 지점에서 멈추고 호흡하면서 고통받는다. 당신이 믿거나 믿지 않는 신을 저주하면서 긴장이 조금 풀어질 때까지 계속 호흡한다. 그리고 다음 부위를 찾아 몸을 굴린다.

자가 근막 이완은 겉보기에 일반적인 스트레칭과 다르고, 느낌도 스트레칭보다는 마사지에 가깝다. 하지만 스트레칭으로 보는 이유는 긴장을 줄이고 혈액 순환과 유연성, 가동성을 개선하는 게 목적이기 때문이다.

폼 롤러를 사용하면 통증과 긴장이 완화되며 시원하다. 최소한 통증이 완화되는 지점에 닿았을 때 기분이라도 좋다. 그전까지는 느낌이 무척 좋지 않다. 불편함과 편안함의 비율을 생각했을 때, 자신을 지나치게 몰아붙이거나 벌하는 성향이 있는 사람은 시도하지 않는 편이 낫다. 하지만 전반적인 가동성을 유지하거나 개선하고 싶고, 꼭 긴장을 완화하고 싶은 사람에게는 유용한 운동이다.

방법이 괴짜 같더라도 자기 몸을 좀 더 긍정적으로 바라보고 싶다면, 자가 근막 이완을 통해 우리 내부의 모든 것이 서로 연결된다는 사실을 실감할 수 있다. 나는 트레이닝 교육을 받으면서 몸이 어떻게 작용하는지 논리적으로는 알았지만, 내 몸의

한 부위가 다른 부위를 어떻게 변화시키는지 직접 느끼고 나서야 이해할 수 있었다. 당신의 전반적 기분을 솔직하게 받아들일 의향이 있으면 이 방법으로 고통이 영원하지 않다는 사실을 떠올릴 수도 있다. 가끔은 정말로 고통은 약해지기도 한다.

일상생활에 접목할 수 있는
스트레칭

내 안에 남아 있는 예전의 트레이너 영혼은 정적 스트레칭, 동
적 스트레칭, 보조 스트레칭과 자가 근막 이완을 전부 활용해서
효과적이고 만족스러운 유연성 강화 루틴을 짜고 싶어 한다. 이
모든 방법을 결합한 만능 프로그램은 예전에 정적 스트레칭만
으로 가능하다고 생각했던 것들(근육 늘리기 제외)을 대부분 실
제로 달성할 수 있다. 하지만 좋아하지 않는 동작을 하기 싫어
서 아예 전체 스트레칭을 포기하기보다는 그 동작이 뭐든 생략
하고 스트레칭을 해도 된다는 점을 강조하고 싶다. 통증을 예
상하거나 경험하는 데서 오는 스트레스가 그 운동으로 얻을 수

있는 긴장 완화 효과를 가릴 정도로 클 때도 마찬가지다.

일반적으로 정적 스트레칭, 보조 스트레칭보다 동적 스트레칭을 먼저 하는 게 현명하다. 몸을 데우고 긴장을 풀어 주며 정신을 집중할 수 있기 때문에 더 안전하고 효과적으로 스트레칭을 준비하고 유지하는 데 도움이 된다. 스트레칭 과정에 자가 근막 이완 스트레칭을 포함하고 싶으면 시작할 때나 끝날 때쯤 하는 게 좋다. 폼 롤러에 열광하는 사람들은 이 운동이 신체 조직을 데우고 문제 부위의 긴장을 풀어 주기 때문에 제일 먼저 해야 한다고 말한다. 맞는 말이다. 롤링 행위 자체를 진심으로 좋아한다면 시도할 만하다. 하지만 롤링과의 관계가 애증에 가깝거나 참기 힘들면 운동을 마무리할 무렵에 하는 편이 낫다. 나는 폼 롤러를 쓰고 나면 아무것도 하기 싫어진다.

유연성과 가동성에만 초점을 맞춘 운동을 해도 좋고, 유연성 강화 운동의 시작이나 끝 무렵 다른 운동을 추가해도 된다. 먼저 동적 스트레칭으로 시작하자. 일반적인 전신 운동 루틴을 진행하거나 다음 동작 패턴에 맞춰 스트레칭을 조절할 수도 있다. 예를 들어 수영하기 전에 팔을 돌리거나 킥복싱 전에 다리 돌리기, 무릎을 높이 들어 조깅하기 등이다.

준비 운동을 동적 스트레칭으로 하는 편이 유산소보다 낫다는 확실한 과학적 증거는 없지만 내 개인적으로는 훨씬 운동에 몰입하기 좋았다. 머리가 아프거나, 빙빙 돌거나, 강박증이 생기거나, 가벼운 해리 상태(갑작스러운 의식 변화로 기억이나 정체감에 혼동이 오는 상태─옮긴이)에 빠지는 경우 특히 유용하다 (심각한 해리 증상을 겪는다면 운동을 꼭 하지 않아도 된다). 동적 스트레칭은 체온을 높이고 몸을 풀어 줄 뿐만 아니라 정신을 깨워 주고 신체적·정신적으로 힘든 일을 하기 전에 몸과 당신을 (다시) 이어 준다. 어떤 이유로든 변화 자체가 힘든 사람은 운동이나 특정 스포츠 위주의 루틴을 통해 거의 움직이지 않는 상태에서 운동 모드로 쉽게 전환하고 앞으로 얼마간 몸으로 해야하는 일을 준비할 수 있다. 몸과 마음이 움직이지 않는다면 여기서 멈춰도 된다. 이미 어느 정도 스트레칭을 했고 그것만 해도 훌륭하기 때문이다.

한편 정적 스트레칭은 운동의 마무리 단계에 적절하다. 정신과 몸을 부드럽게 진정하는 한편 고강도 활동에서 휴식 상태로 매끄럽게 전환하는 데 도움이 된다. 또한 운동을 서서히 멈추면서 어떤 기분이 드는지 평가하기에도 좋다. 스트레칭하는 동안 어딘가 긴장되거나 불편했다면 그 사실을 기억했다가 앞으로 운동할 때나 일상생활에서 주의를 기울이자. 그렇지 않다면 스트레칭하면서 그저 호흡하고 이완을 즐겨라. 폼 롤러는 선택 사항으로 운동 루틴 전후로 추가할 수 있다.

물론 스트레칭 전용 루틴이나 다른 운동에 스트레칭 전용 동작을 포함해야만 유연성과 가동성을 키울 수 있는 건 아니다. 사실 스트레칭은 하루를 보내면서 아무 때나 하기 좋은 운동이다.

동적 스트레칭은 무기력할 때 살짝 기운을 차리게 해 주고, 초조할 때 긴장감을 떨치게 도와준다. 그만큼 쉽다 보니 다른 활동을 하는 도중에, 혹은 다른 일을 할 수 없을 때 간단히 추가할 수 있다. 게다가 스트레칭 자체가 준비 운동이니까 먼저 몸을 풀어야 할 필요도 없다. 무릎 들고 걷기와 뒤꿈치 차기를 번갈아 하면서 집 안을 돌아다녀라. 서서 TV를 보면서 양팔을 돌리거나 교차해 본다. 걸리적거리지 않으면 앉아서 해도 좋다. 특별히 분노가 치밀어서 마구 흔들고 싶을 때는 상체를 비틀면서 팔을 좌우로 흔든다. 척추를 회전하면서 감정을 표출할 수 있는 방법이다. 침대에서 나오기 싫을 때는 세상 모든 게 아무래도 상관없다는 패배감을 동적 스트레칭으로 전환할 수 있다. 등을 대고 누워서 무릎을 세워 발을 엉덩이 가까이 내려놓고, 양 무릎을 안팎으로 젖힌다. 아니면 침대에서 천사 자세를 해 보자. 스노 엔젤 놀이(눈밭에 누워 팔다리를 휘젓는 놀이)를 침대에서 하는 것이다.

지금 쉬는 중이거나 강도 높은 활동을 할 수 없을 때(하기 싫을 때) 성취감을 느낄 수 있는 정적 스트레칭도 몇 가지 있다. 침대에서 아기 자세를 한 채 잠시 세상이나 당신의 인생을 원망하며 한숨을 쉬어 보자. 화장실에서 나오다가 문틀 양쪽을 손으로 잡고, 가슴에 자극이 올 때까지 앞으로 걸어간다. 지금 컴퓨터 앞이라면 허리를 똑바로 세운 다음 오른손을 머리에 얹고 왼손을 엉덩이 밑에 깔고 앉는다(왼손은 닻과 같은 기능을 하면서 스트레칭하는 동안 왼쪽 어깨에 안정감을 준다). 계속 화면을 바라보면서 머리를 오른쪽으로 당겨 목이 늘어나는 것을 느껴 본다. 반대쪽도 반복한다('책상에서 할 수 있는 스트레칭' 포스터는 자본주의와 사무실 문화의 산물이지만 동작 자체는 유익하다). 다운 도그 자세로 잠시 책을 읽어 보자. 혹은 가부좌를 하고 앉아서 고관절을 살짝 열어 준다. 러너를 위한 요가 세미나에서 강사가 말하길 가장 유연한 고객은 유치원 선생님들이라고 한다.

폼 롤러 역시 원한다면 하루 중 아무 때나 할 수 있다. 책상이나 소파, 침대에 폼 롤러를 두고 휴식 시간에 간단히 자가 근막 이완 운동을 해 보자.

Work It Out

쉽고 효과적인
유연성, 가동성 훈련법

순수하게 스트레칭을 기반으로 하는 운동 외에도 유연성과 긴장 완화에 초점을 맞춘 더 훌륭한 운동이 많다. 저마다 철학과 동작은 다르지만 한 가지 중요한 공통점이 있다. 첫 번째, 정적인 자세와 동적인 동작, 웨이트 트레이닝 훈련을 함께 해 관절의 가동성과 안정성의 조화를 추구한다. 두 번째, 유연성을 개선하고 싶긴 하지만 스트레칭은 도저히 하기 싫은 사람들에게 훌륭한 대안이다.

가장 접근하기 쉽고 효과적인 방법을 간단히 소개한다.

애니멀 워크

어렸을 때 게걸음으로 걸어 다니던 기억이 나는가? 세상에는 못 말리는 운동 괴짜들이 널려 있다. 이들은 동물들에게서 영감을 받아서 온갖 동작을 개발했다. 손바닥으로 바닥을 짚고 곰처럼 네 발로 돌아다녀 보자. 개구리처럼 쪼그려 뛰기를 해도 좋다. 바닥에 닿을 때까지 몸을 숙인 다음 플랭크 자세가 될 때까지 손으로 걸어 본다. 그다음 자벌레처럼 발로 걸어서 손과의 거리를 좁힌다.

애니멀 워크animal walks는 어린이를 대상으로 하는 운동 프로그램에서 인기를 끌었지만 성인들에게도 유행하고 있다. 트레이너와 운동 강사들도 좋아한다. 일상생활을 위한 기능성 운동을 재미있게 할 수 있는 데다 그룹 수업에서 장비가 부족할 때 의욕과 참여를 유도할 좋은 방법이기 때문이다. 그리고 거의 모든 가동 범위와 건강 상태, 그 밖의 다른 상황에 맞춰 조정할 수 있다. 격투기에서는 애니멀 워크를 준비 운동과 교차해서 훈련에 활용한다. 특히 레슬링의 경우 규칙상 다양한 방법으로 바닥에서 움직이는 게 중요하다 보니 선수들 사이에서 인기가 많다(이 논리에 따르면 애니멀 워크는 절망에 빠져 오랜 시간 바닥에서 허우적거리는 사람들에게도 좋을 것이다. 어차피 바닥에 있을 텐데 잠깐 기어 다니면 어떨까? 뭐 하냐고 누가 물어보면 경기 훈련 중이라고 하면 된다).

우울이나 불안, 스트레스 등의 문제를 가지고 있다면 애니 멀 워크의 가장 큰 장점은 유쾌함이다. 한 마리의 짐승이 되어 보자. 신체적으로 유익한 건 사실이지만 동작 자체는 좀 우습 다. 애니멀 워크를 하면서 운동이나 자아에 관해 심각하게 고뇌 하는 건 불가능에 가깝다. 어슬렁거리며 돌아다니다 보면 운동 이 항상 우울하고 심각할 필요는 없다는 사실을 떠올리게 된다. 몸을 움직이는 것도 즐거울 수 있다.

애니멀 워크도 근력과 유연성이 균형을 이루는 훌륭한 운 동이지만, 유연성에 더 집중하고 싶으면 동물의 움직임에서 영감을 받은 또 다른 운동 프로그램을 참고하자. 애니멀 플로 animal flow(동물의 다양한 움직임을 연결하는 프로그램―옮긴이), 지 나스티카 내추럴ginástica natural(요가와 기타 가동성 트레이닝의 영향 을 받은 운동이다) 등이 있다.

필라테스

필라테스는 매트에서 하는 코어 운동으로 작은 도구나 멋진 고문 기구 같은 장비를 사용한다. 이 마인드 바디 운동은 20세기 초에 체조 선수이자 복싱 선수, 보디빌더, 호신술 강사, 서커스 공연자인 조지프 필라테스Joseph Pilates가 개발했다. 조지프 필라테스의 초기 고객은 대부분 댄서나 물리 치료 환자였으며 그의 방식을 계승한 오늘날 필라테스에서 이 두 가지 요법의 영향을 엿볼 수 있다. 한쪽의 필라테스 학원에서는 춤 쪽에 집중하고, 다른 쪽 학원은 동작 과학movement science과 물리 치료를 더 깊이 파고들기 때문에 접근법에 따라 세세한 방식은 다를 수 있다. 하지만 전반적인 개념과 목표는 같다. 필라테스는 유동적이고 체계적인 동작과 호흡, 근육 조절을 통해 가동성과 안정성의 균형을 추구한다. 최대한 괴짜 같지 않게 예를 들어 보겠다. 필라테스에서는 가능한 한 크게 팔을 돌리고 싶어 하면서도, 어깨 관절을 둘러싼 근육을 강화해 소켓에 끼워진 팔이 도중에 찢어지는 것을 방지하려 한다. 그 과정에서 코어 강화 동작도 추가한다.

경험상 필라테스는 다른 운동보다 신호와 지도를 대단히

중시한다. 동작을 효과적으로 하려면 상당한 신체 인식이 필요한데, 동작 자체와 설명이 신체 인식을 키워 준다. 따라서 신경 발달 장애가 있거나 자기 몸과 단절을 느끼는 사람들에게 이로우면서도 까다로운 운동이다. 이 두 가지의 균형을 이룰 수 있을지는 개인의 성향에 달렸다.

당신이 패턴을 중심으로 생각하거나 루틴대로 운동하는 게 편하다면 연속으로 구성된 필라테스 동작이 잘 맞을 것이다. 운동이 다채로울 때 자극과 의욕을 느끼는 편이라면 동작을 자주 바꾸는 강사를 만나지 않는 이상 필라테스가 좋은 선택은 아니다. 다른 데 신경 쓸 거리가 생겨야 복잡하고 거슬리는 생각을 정리할 수 있다면 필라테스를 할 때 듣는 설명이 상당한 도움이 된다. 한편 필라테스 지도를 따라가려면 집중력이 필요하기 때문에, 집중이 힘든 사람은 도움은커녕 절망만 하고 끝날 수도 있다. 그리고 아무 생각 없이 운동하는 편을 선호한다면 필라테스 수업이 거슬리거나, 끝난 뒤 성취감을 느끼기 힘들다. 차라리 다른 운동을 하는 것이 더 효과적이다.

필라테스에는 추상적인 개념이 존재한다(예를 들어 골반저 근육을 상상하고, 느낌이 오면 지나치게 수축하는 거라며 느껴지지 않을 만큼 당기라고 한다). 필라테스 강사는 수강생들에게 동작을 설명하고 어떤 기분인지 표현하기 위해 은유와 비유가 많은 언어를 주로 사용한다. 이런 단어 선택에는 상당한 고찰과 경험이 녹아 있다. 내게 매트 필라테스 강사 트레이닝을 해 준 선생님은 누워 있는 수강생에게 복부에 집중하는 법을 어떻게 설명하는지 15분 동안 가르쳐 주었다. 그녀의 경험에 따르면, 수강생에게 배꼽 밑에 불이 있다고 상상하라고 하면 움찔하면서 지나치게 배를 쥐어짠 반면 얼음 조각을 상상하라고 했더니 원하는 수준만큼 더 부드럽게 당겼다고 한다. 이런 세심한 언어 선택은 많은 사람에게 효과를 발휘한다. 자기 몸과 가까워질 수 없었던 사람에게 유익한 가교가 될 수 있는 것이다. 하지만 상상력이 부족한 사람에게 이런 표현은 명확하지 않고 당황스럽기만 하다. 장황한 설명이 마음에 들지 않으면 지나치다고 느낄 수도 있다.

지금까지 소개한 것 중에 마음이 걸리는 내용이 있다고 해서 당신이 필라테스를 할 수 없다는 뜻은 아니다. 그냥 필라테스가 내키지 않다면 다른 가동성 개선 운동을 하면 된다. 하지만 정말 필라테스를 하고 싶다면 도움이 될 만한 방법도 있다.

수업이나 영상에서 강사의 신호에 따르는 게 어려우면 책(강사 매뉴얼도 좋다)을 통해서도 지금 배우는 게 어떤 동작인지, 어떻게 하면 당신의 속도에 맞춰 몸이 적응하게 할지 파악할 수 있다. 정기적인 필라테스 수업을 듣기 힘들면, 더 큰 동작 패턴에 익숙한 운동선수가 필라테스에 적응할 수 있게 설계된 선수용 조절 강좌도 있으니 이를 참고하면 된다.

요가

다들 당신에게 해 봤냐고 물어보는 그것이 등장했다.

당신만큼이나 내게도 피곤한 질문이니까 강요할 생각은 없다. 하지만 간단한 설명은 유익할 것이라고 생각한다. 요가를 강력하게 추천하는 사람들은 자기가 추천하는 상대의 삶은 물론이고 요가 수련을 그리 잘 이해하는 것 같지 않다(이들은 요가를 정신 건강 문제나 장애, 기분을 가라앉히는 만성 질환을 치료하는 만병통치약이라고 생각하는 듯하다). 요가를 하라는 소리는 평생 넘치게 들었지만 실제로 요가의 효과가 무엇이며 어떤 사람에게 도움이 되는지, 예전에 별로 요가가 내키지 않았다면 어떤 점을 고려해야 하는지에 대해서는 들어 본 적 없을 것이다.

요가가 당신을 괴롭히는 모든 문제를 고쳐 주지는 않지만, 몸과 뇌에 몇 가지 긍정적인 영향을 줄 수 있다. 신체적으로는 유연성과 근력, 균형, 자세, 신체 인식을 개선해 준다. '요가 호흡'이라고도 불리는 프라나야마Pranayama(호흡을 인식하고 호흡 속도를 조절하는 기술—옮긴이)는 심혈관 기능을 향상시킨다. 요가가 기분과 전반적인 건강에 미치는 영향을 연구한 결과 수면, 분노 조절, 스트레스, 자존감, 인지 기능 장애, PTSD 증상, 번아웃 등에 긍정적인 영향을 미친다는 사실이 드러났다.

　이 목록에는 불안도 포함되지만, 불안 증상을 가진 사람이자 불안에 시달리는 많은 사람과 이 주제를 논의한 사람으로서 개인적인 의견을 한 가지 덧붙이고 싶다. 요가 수련이 일부 불안 증상을 완화하는 건 사실이지만 안내 명상(강사나 오디오 가이드의 지시에 따라 체계적이고 집중적으로 하는 명상—옮긴이)은 집중력이나 완벽주의 문제로 고생하는 사람의 상태를 악화할 위험이 있다. 집중력이 부족한 사람들은 생각의 속도를 늦추고 강사의 신호를 따르는 걸 힘들어한다. 강사의 말대로 되지 않으면 생각의 소용돌이에 빠진다. '좋아, 들판을 상상해야지…'가 아니라 '왜 들판을 상상할 수 없는 거야? 나만 빼고 다들 아름다운 들판을 떠올리고 있을 텐데. 난 신경을 끄는 데만 신경 쓰고 있잖아. 나는 이것도 제대로 하지 못하는 실패작이야. 들판을 상상하는 게 뭐가 어렵다고.'

안내에 따라 명상하는 것이 많은 이에게 놀라운 효과를 준다는 건 알고 있다. 하지만 나는 안내를 들으며 집중하는 것이 쉽지 않다. 나뿐만 아니라 안내에 따라 명상하는 것을 다른 사람보다 특히 힘들어하는 사람들이 분명히 존재한다. 당신의 뇌가 강사의 권고보다 훨씬 방황할 거라는 사실을 받아들이자(나도 그러려고 배우는 중이다). 내가 보기에 방황은 내 뇌가 쉬려고 하는 활동에 가장 가까우며, 이 사실을 받아들이고 공황에 빠지지 않는다면 그 자체로 명상이나 마찬가지다.

요가의 효과는 대부분 다른 운동에서도 찾을 수 있다. 다른 데서 하기 힘든 명상을 하는 요가도 있지만, 시각화 과정이 포함된 운동을 하면 되고 운동과 상관없이 따로 명상해도 좋다. 그러니 도저히 요가는 못 하겠다고 해서 뭔가 좋은 걸 영영 놓친다고 생각하지 말자. 하지만 요가는 장점도 많으니 관심이 가면 시도할(혹은 재시도할) 가치는 있다. 이런 다양한 장점은 요가 수련법을 좋아하는 사람에게 반가운 소식일 테고, 당신이 이미 요가 애호가라면 더 논할 필요도 없을 것이다.

요가의 종류가 다양하다(종류별로 강사의 해석은 더 다양하다)는 건 당신의 신념과 욕구에 부합하는 학원과 강사, 수업, 영상, 책, 혹은 SNS를 발견할 가능성이 크다는 뜻이다(하타 요가hatha yoga가 다른 요가보다 정신 건강에 좋다는 의견도 있지만, 절대적이지는 않다 보니 꼭 하타 요가를 하라고 추천하기는 힘들다). 각양각색의 신체적 목표, 정신적 목표에 맞춰 요가 방식을 고를 수 있다.

이번 장에서 소개한 유연성과 가동성 운동 중에 당신이 해보고 싶을 정도로 매력적이거나 호기심이 드는 방식이 하나라도 있길 바란다. 하지만 하나도 소화하기 힘들다고 해도 전혀 문제가 되지는 않는다. 내가 이런 운동에 열광하는 이유는 트레이너이자 운동하는 사람으로서 내 인생이 예전보다 나아졌기 때문이며, 다른 모든 이도 그럴 수 있다고 믿기 때문이다. 이건 내 권위가 아니라 열정에서 나온 진심이다. 덧붙여 모두가 데이비드 크로넌버그David Cronenberg(캐나다 출신 영화감독으로 독창적인 공포 영화로 유명하다—옮긴이)의 영화를 좋아했으면 좋겠지만 현실적으로 그러기 힘들다는 것도 안다.

가동성은 중요하다. 비교적 편안하고 통증 없이 온몸의 부위들을 움직이면 부상을 줄이고 몸과 정신 건강을 개선할 수 있다. 하지만 가동성을 높이기 위해 꼭 가동성에 초점을 맞춘 운동을 해야 하는 건 아니다. 몸을 여러 방향으로, 다양한 방식으로 꾸준히 움직이면 무엇이든 그 역할을 할 수 있다. 앞서 언급한 운동이나 격투기, 춤, 체조, 서커스 트레이닝도 가능하다. 혹은 지금부터 다룰 두 개의 장 중 하나, 혹은 두 가지를 적절히 결합한 운동일 수도 있다.

6장

근력 운동은
뇌를 강하게 만든다

인생을 짊어지듯 무게를 들어 올려라

Work It Out

이미 온갖 문제가 당신의 어깨를 무겁게 짓누르고 있다. 그에 비하면 아령 한두 개는 아무것도 아니다.

저항 트레이닝, 말하자면 외부의 힘에 저항하며 근육을 수축하는 근력 트레이닝 운동으로는 프리 웨이트free weight(덤벨, 바벨 등의 도구로 근육을 자극하는 근력 운동—옮긴이), 기계 웨이트 machine weight(기계를 이용하는 근력 운동—옮긴이), 맨몸 운동body weight, 서스펜션 트레이너, 저항 밴드resistance band(밴드의 저항성을 이용한 운동—옮긴이), 등척성 운동isometric hold(근육이나 관절을 움직이지 않고 정지한 힘을 이용한 운동—옮긴이), 메디신 볼medicine ball(몸을 굽혔다 폈다 하는 운동에 사용하는 4~7킬로그램의 공, 의학적 효과가 크다고 해서 메디신 볼이라고 한다—옮긴이) 운동, 샌드백운동 등이 있으며 이것들은 경이로운 효과를 낸다. 당신은 이런 운동이 몸에 얼마나 좋은 영향을 주는지 지나칠 정도로 자주 들었을 것이다. 하지만 이렇게 근력 운동의 이점을 다루는 자료는 대부분 체중 감량과 지방, 칼로리 소모로 이어진다. 여기에서는 이런 말도 안 되는 내용은 생략하고 저항 트레이닝을 전반적으로 살펴본 다음, 당신에게 조금 낯선 주제인 뇌에 좋은 운동으로 넘어갈 예정이다.

자신의 체중을 포함해서 중량을 들어 올리는 운동은 근력을 단련해 준다. 무거운 것을 드는 능력을 키울 뿐 아니라(그 자체로도 멋지고 유용하다) 지금 뼈와 관절 건강을 개선하고 나이가 들어도 보존할 수 있게 해 준다. 꾸준한 웨이트 트레이닝은 전반적인 신체 역학(일상에서 일어서고 몸을 움직이는 방식)을 개선하며 결국 심혈관 기능까지 향상한다. 본인이 관심 있고 노력하면 근육질로 보일 수도 있다.

게다가 저항 트레이닝은 기분에 상당한 효과를 주는 것으로 알려졌다. 웨이트가 아직 정신 건강 치료제로 자리 잡은 건 아니지만, 일부 문제에 꼭 필요한 효과를 줄 가능성이 있다.

저항 트레이닝이 정신 건강에 미치는 영향에 초점을 맞춘 최근 연구에 따르면 웨이트는 우울과 불안 증상을 뚜렷이 개선해 준다.

가장 희망적인 건 이런 효과를 얻기 위해 엄청난 중량을 들어 올릴 필요는 없다는 것이다. 2018년 33명을 대상으로 한 임상 시험 메타 분석 결과 트레이닝 때 사용한 바벨의 무게나 대상자의 근력 향상 여부가 우울 증상 감소를 좌우하지는 않았다. 기본적인 웨이트 프로그램을 일주일에 두 번만 해도, 천상계 수준의 둔근이 생기지 않더라도 기분을 띄우기에는 충분하다.

전문가들은 이런 효과가 왜, 어떻게 발생하는지 설명하지 못했지만 몇 가지 이론을 수립했다. 하나는 웨이트가 뇌를 강하게 한다는 것이다. 실제로 근력 트레이닝은 뇌 구조와 기능에 변화를 가져온다.

뇌는 근육이 아니지만, 우리가 최근 이해하기로는 웨이트를 시작할 때 근육과 비슷하게 반응한다. 저항 트레이닝은 근육을 키울 뿐만 아니라 근육에 영양을 공급하고 근육 간 협응력을 강화하며, 그 밖에 우리 몸에서 일어나는 모든 일의 전달 체계를 개선한다. 이 운동은 특정 뇌 부위를 키워서 뇌에 영양분을 전달하고, 새 뇌세포의 성장을 촉진하며 신경 체계의 결합을 강화하는 새로운 혈관이 발달하도록 자극한다. 이렇게 뇌 기능이 개선되면 기분 개선으로 이어질 수 있다.

또 다른 이론에 따르면 저항 트레이닝은 마음챙김을 유도한다. 사실 저항 트레이닝에 마음챙김이 필요하다고 하는 편이 더 정확하다. 웨이트를 안전하고 효과적으로 하려면 그 순간에 집중해야 한다. 특히 횟수가 이어지면서 점점 피곤하고 힘들어 더 그렇다. 이런 방식으로 근육을 움직이는 몸의 감각이 정신을 붙들어 준다고 말하는 사람들도 있다.

게다가 뭔가 해낸다는 데서 오는 흥분은 살아 있다는 느낌을 더해 준다. 운동이 끝날 때쯤 느끼는 성취감은 즉각 기분을 나아지게 한다. 시간이 흐르면서 좋아지는 걸 목격하면 자존감이 지속적으로 향상되기 마련이다.

뭘 하든 잘될 리가 없다는 말을 달고 사는 우울증 환자로서, 마지막 포인트는 내게 큰 의미가 있다. 근력 트레이닝은 접근법도 다양하고 선형적으로 발전할 기회가 많다. 노력하는 대로 결과가 나온다는 뜻이다. 그 결과가 개인 최고 기록이나 식스팩일 필요도 없다. 물론 그런 성과를 달성하는 순간은 아름답지만, 운동을 지속하게 해 주는 건 더 사소하고 점진적인 개선이다. 발전이 멈췄을 때는 더 큰 그림을 바라본다. 처음 시작했을 때 중량을 얼마나 들었는지, 지금까지 얼마나 발전했는지 생각한다.

큰 그림 따위에 관심이 없다면 거울을 보면서 근육이 잘 붙어 있는지 살펴보자. 즉각 기분을 끌어올려 주는 훌륭한 자극제가 될 것이다.

몸이 하는 말에
귀를 기울여라

웨이트 리프트를 하는 사람은 모두 자기 몸이 하는 말에 예민하게 귀를 기울여야 한다(언제 쉬어야 하는지 자세한 정보는 8장 참조). 저항 트레이닝에서 몸이 편하게 느끼는 수준보다 더 무거운 중량을 들거나 횟수를 늘리라고 하는 건 좋은 접근법이 아니다. 체력, 근력, 지구력 등 트레이닝 목표가 무엇이든 자기 능력 안에서 합리적으로 운동하고 점차 한계를 바꿔 나가야지, 트레이닝할 때마다 한계를 넘어서려고 몰아붙여선 안 된다. 지나친 웨이트는 금물이다. 이래도 확신이 서지 않으면, 과훈련이 통증과 부상을 일으키고, 효과를 상쇄하며 머릿속을 어지럽힐 수 있다는 사실을 유념해라.

내가 트레이닝을 시작할 때는 무거운 중량을 들면 여성이 보기 싫게 '우락부락'해질 수 있다는 생각이 널리 퍼져 있었지만, 심미적으로나 신체적 이미지 관점에서 '지나친 고중량' 웨이트를 걱정할 필요는 없다. 내가 처음 아령을 들었을 때 이후 지금까지 많은 것이 변했다. 여성들은 여성이 어떻게 보여야 하고 얼마나 들 수 있는지, 온갖 고정관념과 터부를 타파했다. 트레이너와 운동 인플루언서들은 성별을 막론하고 신체 유형, 근력 수준과 관계없이 운동을 즐길 수 있는 환경을 조성했다. 두 툼한 근육이 좋든 싫든, 갑자기 생기지 않는다는 사실을 이제 모두가 알고 있다. 누구든 정말 크고 선명한 근육을 만들려면 구체적이고 집중적인 트레이닝과 식단 관리가 필요하다(하지만 어떤 식으로든 불쾌감이나 신체이형증이 있다면 저항 트레이닝을 시작하기 전에 미리 조언을 구해야 한다).

웨이트 트레이닝을 절대 하면 안 되는 사람은 없지만, 조심해야 할 사람들은 있다. 내가 읽은 글에서는 엘러스-단로스 증후군과 운동 기능 과잉 스펙트럼 장애hypermobility spectrum disorder(관절이 정상 범위를 초과해 과도하게 움직이는 증상—옮긴이)

가 있을 경우 근력 운동에 극도로 조심해서 접근해야 하며 관절을 안정화하는 소근육을 키울 수 있게 기계보다는 맨몸이나 도구를 이용하라고 한다. 저항 트레이닝이 관절에 지나친 부담을 주거나 이 운동을 하는 동안 과신전할 위험이 너무 크다고 보는 시각도 있다. 결국 올바른 답은 개인에게 달렸다. 자기 몸에 대한 욕구와 이해, 의사의 의견이 제일 중요하다.

늘 그렇지만 아프거나 다쳤거나, 무엇인가 걱정되는 상태라면 새로운 트레이닝 프로그램을 시작하기 전에 건강 전문가와 상담해야 한다.

내게 맞는 숫자를
확인해라

웨이트 리프트를 공부하고 시간표를 따르고, 숫자를 지워 나가는 걸 좋아한다면 근력 트레이닝 목표를 설정하고 무게와 횟수, 주기를 계산하는 것도 무척 매력적이고 즐거운 작업이다. 그렇지 않다면 극도로 지루할 뿐이다.

근육 마니아로서 극도의 즐거움과 지루함의 양극단을 경험해 본 만큼, 여기서는 전반적으로 소개하는 정도가 가장 나을 듯하다. 더 깊이 파고들고 싶으면 이 내용을 발판으로 활용하면 된다. 하지만 운동의 효과를 조사하고 계획을 짠다는 생각만 해도 눈물이 날 만큼 지겨우면 이 장에서 소개하는 실용적이고 유용한 운동 계획을 참고하자. 다시는 그 수준보다 깊이 생각할 필요 없다.

당신이 내 고객이고 우리가 일대일로 만난다면 당신의 목표는 물론이고 성격까지도 고려해서 설명과 계획을 최대한 다듬었을 것이다. 하지만 안타깝게도 이 글을 읽는 모든 독자에게 그렇게 할 수는 없다. 그렇다고 천편일률적으로 접근법을 추천하고 싶지도 않다. 그러니 읽는 사람이 스스로 자신이 선호하는 측정, 추적 기록, 보상 방식에 따라 거르고 골라야 한다.

근력 트레이닝을 할 때 내 고객들이 가장 어려워한 문제는 숫자(무게, 횟수, 세트 등)였다. 누군가는 체계와 지침을 마련하기 위해 숫자가 필요하고, 누군가는 그냥 그런 걸 좋아하는 괴짜였다. 하지만 어떤 사람들은 의욕이 꺾이거나 지루해서 꾸준히 숫자를 활용하지 못했다. 모든 사람의 사정에 맞출 수는 없으니, 최소한 숫자를 좋아하는 사람과 아닌 사람들을 위한 지침이라도 제시하고자 한다.

자신이 어떤 유형인지 이미 알고 있으면 다른 답은 얼마든지 건너뛰어도 된다. 이런 설명이 지루하거나 운동에 방해가 된다면 아예 쳐다보지도 말자! 자신이 어떤 유형인지 모르겠으면 둘 다 읽고 어떤 접근이 나을지 생각해 보자.

목표가 무엇이든 다른 것보다 모든 면에서 나은 한 가지 접근법은 존재하지 않는다. 당신이 싫어하지 않을, 어쩌면 좋아할지도 모르는 근력 트레이닝 방법을 찾는 게 제일 중요하다. 하지만 특별히 고중량을 시도하고 싶다면 숫자를 적절히 활용하고 꾸준한 루틴을 실천할 수 있을 때까지는 미루길 바란다. 꾸준히 근육을 단련하고 발전을 측정하다 보면 고중량 웨이트도 당신에게 훨씬 안전해진다. 아마 좌절도 덜할 것이다.

당신이 숫자와 친하다면

이 파트는 수학광과 과학광을 비롯해 지금까지 얼마나 했고 앞으로 정확히 얼마나 해야 하는지 알아야 하는 사람들이 읽어야 한다. 여기까지만 읽어도 피곤해지기 시작한다면 건너뛰고 227쪽 '당신이 숫자와 안 친하다면'을 읽어라.

① 무게

일정 기간 웨이트를 했다면 1회 최대 무게(말 그대로 한 번에 최대한 들 수 있는 무게)와 구체적인 목표 달성을 위해 1회 최대 무게에 대비해서 평소 들어야 하는 무게를 수학 공식으로 알아낼 수 있다. 하지만 운동 과정에서 시행착오를 겪으며 자신에게 맞는 무게를 알아 가는 것이 제일 중요하다. 노련한 트레이너라면 당신의 과거 운동 경험과 목표, 직접 관찰한 결과를 바탕으로 어디서부터 시작하는 게 좋을지 어림짐작하겠지만, 이렇게 계산한다고 특별히 정확하지는 않다.

당신이 안전하게(하지만 마냥 편하지는 않게) 10회에서 12회 들 수 있는 무게를 알아내야 한다. 마지막 2회 정도는 도전적이어야 한다. 그렇다고 버거워서는 안 된다. 마지막 세트를 할 때 자세가 흐트러지거나 다친다면 무게를 과하게 설정했기 때문이다. 하지만 마지막 2회에 조금 더 집중과 노력이 필요하고 약간 뻐근하며, 가볍거나 중간 정도의 불편함을 느낀다면 올바른 방향으로 가고 있는 셈이다. 그냥 앓는 소리 '아이고(좋다)'와 '으악(지나치다)'의 차이를 명심하자.

머신 종류, 프리 웨이트 도구 세트, 조절 가능한 아령 등 다양한 무게를 선택할 수 있다면 당신이 12회 들 수 있을 것 같은 것을 골라라. 그다음 거기서 무게를 한 단계 낮춘다. 지나치게 가벼운 중량으로 시작할 때, 최악의 시나리오라고 해 봤자 근육이 무리하지 않는 선에서 동작에 익숙해지는 것이다. 하지만 지나치게 무겁게 들었을 때의 최악의 시나리오는 몸과 자아를 다치는 것이다. 그러니 가벼운 무게부터 시작하자. 당신은 아무것도 증명할 필요 없다.

그 중량을 12회 들어라. 마지막 몇 회에서 실제로 무게가 느껴지면 1분 휴식하고 12회 세트를 두 번 더 한다. 별다른 느낌이 없으면 1분 쉬었다가 무게를 올려서 다시 시도한다. 필요한 만큼 반복한다(적당한 무게를 찾기까지 5세트 이상 넘어가면, 그날은 마무리하고 다음 운동을 연구해라. 물론 더 하고 싶은데 이런 말을 들으면 당황스럽겠지만, 생각보다 당신이 강해서 그렇다고 받아들여라).

다양한 무게를 활용할 수 없다면 무게보다는 운동의 가짓수와 횟수를 바꾸면 된다. 예를 들어 맨몸 운동이라면 당신이 좋아하면서도 쉽지만은 않은 운동을 고르고, 무게를 늘릴 방법을 찾기보다 앓는 소리는 나지만 비명을 지르지 않는 선에서 몇 회 더 반복할 수 있는지를 파악한다. 밀가루 포대나 고양이를 들고 스쿼트를 한다면, 더 큰 포대를 찾거나 자기 고양이를 더 뚱뚱한 녀석과 바꾸려 하지 말고 스쿼트를 몇 번 더 하는 게 좋을지 생각해라.

② 횟수

머신 웨이트와 프리 웨이트에서는 12회를 3세트 반복하고 세트 중간에 1분씩 휴식하는 게 정석으로 통한다.

웨이트 트레이닝은 다양한 관점으로 횟수와 세트에 접근한다. 관심 있으면 여러 가지 관점을 살펴본 다음 당신의 마음에 드는 것을 밀고 나가라. 관심이 없거나, 그냥 어떻게 하라고 알려 주길 바란다면 앞서 이야기한 것처럼 12회씩 3세트로 시작해도 좋다. 3세트로 만족한다면 그대로 유지하고 늘리고 싶으면 세트 수를 1~2세트 늘리면 된다.

다른 유형의 근력 트레이닝을 하고 싶으면 4장 '운동을 잘게 쪼개라'에서 소개한 방법 중에 당신과 가장 잘 맞는 것을 적용해 보자.

③ 가짓수

이 질문에는 수많은 답이 존재한다. 관심 있으면 여러 트레이닝 프로그램을 살펴보고 어떤 근거를 내세우는지도 공부하

자. 관심이 없으면 가슴 운동 한 가지와 등 한두 가지, 어깨 한 가지, 네 갈래근/둔근 한 가지, 햄스트링/둔근 한 가지 구성을 추천한다. 이런 구성이 신체 부위와 살을 생각하게 해서 괴롭다면 밀기 한두 가지, 상체 위주의 당기기 한두 가지, 다리 앞면 자극 한 가지, 다리 뒷면과 엉덩이 자극 한 가지로 구성해라.

④ 주기

여기에도 다양한 선택지가 존재한다. 운동을 생각할 때 즐거워진다면 운동을 쪼갤 방법(예를 들어 다리 운동의 날, 상체 운동의 날, 밀기 루틴, 당기기 루틴 등)을 고민해 보자. 일상에 웨이트를 끼워 넣는 것은 바쁘거나 일정 관리가 어려울 때, 혹은 계획과 창의력이 필요할 때도 좋은 방법이다.

당장 시간 압박이 없다면 일주일에 2회 정도가 적당하다. 운동을 시작하기에는 훌륭한 빈도이며, 비교적 통증 없이 루틴을 수립하고 뇌가 효과를 보길 기대할 수 있는 횟수다. 웨이트 트레이닝으로 진지하게 근육을 키우고 싶으면 주 1회를 더 추가해도 된다. 하지만 이것은 구체적인 목표를 위한 이상적인 횟수라는 사실을 기억해라. 일주일에 운동을 한 번이라도 하는 게

(심지어 반만 한다고 해도) 아무것도 하지 않는 것보다 훨씬 낫다. 그리고 가능한 만큼만 해도 여전히 만족감과 정신적 자극을 얻을 수 있다.

당신이 어떤 루틴을 선택하든, 한번 운동한 부위는 다시 단련하기 전에 최소한 48시간은 쉬어야 한다. 이틀 동안 아무것도 하지 말라는 뜻이 아니다. 예를 들어 하루는 상체 운동에 집중하고 그다음은 다리 운동을 하면 된다. 이틀 연속으로 같은 운동을 하지 않을 때 진도가 훨씬 잘 나간다. 6장의 마지막 부분에서 좀 더 자세히 근거를 살펴보자.

⑤ 그다음엔 무엇을 할까?

꾸준히 웨이트를 하다 보면 전체 운동 과정이 쉽고 시시하게 느껴지기도 한다. 그 시점이 되면 자신이 계속 집중하고 근육을 적절히 자극하려면 무엇을 더 해야 하는지 파악해야 한다.

다시 말하지만 접근하는 방법은 여러 가지다. 도표와 자세한 지침을 선호한다면 여러 목표를 놓고 운동 주기와 기간을 어떻게 조정할지, 그에 따라 무게와 횟수, 세트를 어떻게 바꿀지 알아가는 과정도 달가울 것이다. 자폐 성향이 있는 내 뇌는 도표를 들여다보고, 내 능력치를 계산하고, 상당한 중량을 드는 단계에서 근력과 근지구력이 얼마나 상승할지 파악하면서 더없이 행복해했다.

하지만 웨이트에 진지해지면 연구와 고민, 실행까지 정신적으로 상당한 노력이 들어간다. 그 과정이 즐겁지 않으면(대신해 줄 사람을 고용하지 않는다면) 안 그래도 힘겨운 삶에서 정신과 영혼이 더 괴로워질 것이다. 그렇게까지 괴롭지 않더라도 계획은 쉬운 일이 아니다. 막연히 생각하면 흥미롭지만 지금 생각하는 수준보다 훨씬 어려울지도 모른다.

다행히 조금씩 강도를 올리면서 근력 트레이닝을 할 방법이 있다. 실용적이고, 쉽게 따라 할 수 있고, 세세하게 계획하거나 많이 고민할 필요도 없다(내가 처음 시작할 때 큰 효과를 본 방법이고, 지금도 웨이트에 대한 열정을 마지못해 다시 불태울 때 도움이 된다). 먼저 12회로 시작해라. 12회가 쉬워지면 15회를 목표로 삼는다. 15회도 거뜬해지면 무게를 올리고 횟수를 8회로 줄인다. 그다음 10회로 늘리고, 다시 12회로 돌아간다. 이런 식으로 반복한다(일정한 루틴을 소화하지 못하겠으면 언제든 무게를 낮추거나 세트 수를 줄이거나, 맨몸 운동으로 변화를 줘도 좋다. 웨이트를 할

극한에 다다를 때까지 연습해라

근력 트레이닝에서 실패라는 단어는 일상생활에서 쓰일 때와 전혀 의미가 다르다.

내가 웨이트를 시작했을 때 사람들은 실패하거나 피로해지는 시점까지 중량을 들라고 했고, 나는 말 그대로 덤벨이 꿈쩍도 하지 않을 때까지 들라는 뜻이라고 생각했다. 그런데 개인 트레이너가 되려고 공부하면서, 한 강사가 내게 전혀 다른 의견을 내놓았을 때 생각이 바뀌었다. 그녀는 실패란 운동을 더 이상 안전하게, 올바른 자세로 할 수 없을 때라고 했다.

예를 들어 숄더 프레스(어깨 바깥쪽 삼각근을 키우는 어깨 단련 운동—옮긴이)를 하면서 머리 위 중량을 버티려고 등이 휘기 시작하거나, 다시 끌어 내리는 동작이 제어되지 않는다는 걸 느꼈다고 하자. 그때는 그만해야 한다. 허리를 삐거나 기구를 떨어뜨리면서 팔이 빠질 때까지 계속해선 안 된다.

하지만 수많은 근육 마니아는 한 번씩 극한까지 몰아붙이는 게 유익하다고 믿는다. 조심만 하면 한계를 시험하기 좋은 방법이라는 것이다. 하지만 한계를 넘지 않는 선에서 체계적이고 안전하게 운동했을 때 더 의미 있는 효과를 얻을 수 있다.

이런 게 인생의 교훈 아닐까?

때마다 발전하고, 성장하고, 개선해야 하는 건 아니다. 그저 노력만 해도 유익한 뇌 화학 물질이 분비된다).

당신이 숫자와 안 친하다면

이 파트는 자기 통제가 힘든 사람, 수학을 안 좋아하는 사람, 숫자는 쳐다보기도 싫은 사람들을 위해 준비했다(어쩐지 이 접근법은 인식이 좋지 않은데, 숫자에서 의욕을 느끼는 사람들 못지않게 당신도 선하고 귀하다는 사실을 공식적으로 밝힌다).

① 어떤 근력 트레이닝을 해야 할까?

근력 트레이닝에서 숫자를 제외했을 때의 가장 큰 장점은 이 운동을 할 때 무엇을 고려해야 하는지를 다시 생각하게 한다는 점이다. 지금 당신이 웨이트실에 있다면 정통 웨이트 동작에 집중하는 편이 낫다. 하지만 빈 스튜디오나 집, 혹은 공원을 거닐면서 움직이고 싶을 뿐이라면 선택지는 무궁무진해진다. 근육을 움직이면 무엇이든 근력 트레이닝이 되고 원하는 대로 뇌를 자극할 수 있다. 팔 굽혀 펴기도 좋지만 묵직한 담요로 벤치 프레스를 해도 된다. 스쿼트를 하거나 벽에 등을 대고 허벅지가 바닥과 평행하게 앉아서 TV를 볼 수도 있다. 메디신 볼을 이용한 체계적인 루틴을 찾아보거나 그냥 재미로 던지고 놀아도 된다.

자유롭게 창의력을 발휘하자. 세상에는 온갖 정통 웨이트 트레이닝, 기능성 트레이닝functional training(236쪽 참조—옮긴이), 맨몸 운동이 존재하며 원하는 대로 아무렇게나 몸을 움직여도 좋다. 위험하거나 다칠 만한 운동만 피하면 된다.

이상적으로는 선택하는 동작의 균형을 추구하는 게 좋다. 예를 들어 가슴을 자극하는 동작을 하고 싶으면 즐길 수 있는 (아니면 그런대로 괜찮은) 등 운동도 추가해 보자. 혹은 다리 앞면을 자극하는 운동과 함께 햄스트링, 종아리 자극 운동도 골고루 시도한다. 등 운동을 추가하느니 가슴 운동까지 포기하고 싶을 정도로 도저히 못 하겠으면 안 해도 상관없다. 하지만 일반적으로 동작의 균형을 잡는 편이 더 편하고 안전하다.

② 근력 트레이닝을 얼마나 해야 할까?

근력 트레이닝에서 숫자를 배제하면, 들어야 하는 정확한 중량이나 횟수보다 목표 달성에 도움이 되는 운동량으로 초점을 전환하는 데 도움이 된다. 이렇게 접근하면 도전적인 목표를 추구하면서도 근력을 키우고 뇌에 긍정적인 영향을 줄 수 있다. 하지만 목표에 도달하는 방법은 조금 다르다. 운동을 X킬로그램, Y회, Z세트 식으로 세지 않고, 각 운동을 하면서 받는 느낌에 집중한다.

여기서 목표는 절망시키지 않으면서 적당히 도전적인 운동량을 찾는 것이다. 앞서 앓는 소리나 '아이고'와 '으악'의 차이가 무엇인지 언급했는데, 여기에도 같은 원칙이 적용된다.

실제로 운동했을 때 어떤 느낌인지 예를 들어 보자. 당신은 체중만 싣거나, 안전하게 버틸 수 있는 무게(밀가루 포대, 소형이나 중형 메디신 볼, 말을 잘 듣는 반려동물 등)를 들고 스쿼트를 하고 있다. 마지막 스쿼트 2회를 할 때쯤에는 근육이 뻐근하고 앞서 했을 때보다 약간 힘든 정도면 충분하다. 다리가 흐물흐물해지고 쓰러지기 직전까지 해선 안 된다. 자세가 무너지기 시작하는 게 느껴지면 무조건 그만해야 한다. 동작을 안전하게 할 수 없으면 멈춰야 할 시점이다.

운동의 구조 측면에서 볼 때 4장에서 다룬 모든 내용이 여기에도 적용된다. 당신에게 가장 잘 맞는 스타일을 고른 다음 근력 트레이닝 동작을 적절히 배치해라. 그다음 도전적이지만 절망적이지는 않은 범위 내에서 실행해라. 안전하게 계속하기 힘들어질 때 멈춘다.

아직도 감당하기 힘들 것 같으면 한 번에 한 동작씩만 해도 된다. 전체 운동이나 세트를 생각하기 버거우면 먼저 1회로 시작한 뒤 어떤지 생각해 보자. 견딜 만하면 한 번 더 시도한다. 그런 식으로 계속해라.

이것도 과하게 느껴지면 바닥에 누워서 잠깐 쉬든, 짜증 내든, 투덜거리든 지금 상황을 행동으로 표현해 본다. 그러다 일어나라. 다시 눕는다. 괜찮으면 반복하자. 일어나는 것도 근력 운동이다.

③ 얼마나 자주 해야 할까?

6장을 시작하면서 웨이트 리프트가 정신 건강에 주는 효과에 관한 연구 결과를 언급했으니 여기서 다시 다루지는 않겠다. 이 연구에서 언급된 빈도(일주일에 두 번)가 가능할 것 같으면 다행이다. 그렇게 하면 된다.

지금 당신에게 힘들 것 같아도 당황하지 말자. 그리고 포기하지 마라. 할 수 있을 때 할 수 있는 만큼 하면 된다. 지금까지 우리가 논의한 모든 내용이 여기 적용된다. 아예 시작도 하기 싫어지는 양보다 할 수 있는 양이 백만 배는 낫다.

④ 그다음엔 무엇을 할까?

이 질문은 정말 100퍼센트 당신의 마음에 달렸다. 근력 트레이닝이 만족스럽다면, 그게 뭐든 영원히 계속해도 된다. 혹은 시험 삼아 다른 운동을 해도 좋다. 좀 더 체계적으로 하고 싶으면 운동에 숫자를 활용하는 방법을 다시 들여다보자. 그렇지 않다면 숫자는 생각할 필요도 없고, 무엇이든 몸과 마음이 내키는 대로 해라.

헬스장에서
웨이트하기

헬스장에는 저항 트레이닝에 쓸 수 있는 다양한 장비가 가득하다. 게다가 비슷한 목적으로 장비를 사용하는 사람과 당신을 도와주도록 고용된 사람들도 있다. 이런 환경은 타인의 눈길(심지어 도움까지)을 받을 자신이 있는 사람에게는 축복이지만 그렇지 않은 사람에게는 저주나 마찬가지다. 웨이트 운동을 선택할 때 몇 가지 참고할 내용을 소개한다.

웨이트 머신 활용하기

헬스장에 있는 거대한 기계들은 한두 가지 동작만 할 수 있게 설계됐고, 웨이트 경험이 없어도 시작용으로 적합하다. 사용법이 상당히 직관적이고, 헷갈릴 때 참고할 만한 설명과 그림도 붙어 있다. 머리가 약간 멍하거나 내 몸이 내 몸 같지 않을 때 선택하기 좋다.

웨이트 트레이닝에 관심이 있다면 프리 웨이트가 웨이트 머신보다 더 좋은 기구라는 주장을 들어 봤을 것이다. 이는 사실이 아니다. 양쪽 모두 장단점이 존재하며, 트레이닝으로 특정한 목표를 달성하고 싶으면 하나하나 연구해 볼 가치가 있다. 하지만 전반적인 정신 건강과 이 책이 추구하는 목표를 생각하면 두 선택지의 장점은 거의 똑같고, 원하지 않는다면 자세히 생각할 필요도 없다.

헬스장에 있을 때 머신이 궁금하거나 뭔가 걱정된다면 상주 직원이나 안내 데스크에 물어보면 된다. 물론 생각만 해도 몹시 긴장되는 일이다. 나도 예전에 헬스장에 고용된 직원이었는데도 이 사람들에게 말을 건다고 생각하면 지금도 불안해진다(솔직히 말해서 나는 누구와 대화해도 불안하다). 그러니 당신에게 쉽다고 말할 생각은 없다. 하지만 그런 사람들을 도와주는 게 직원의 역할이며, 도움을 요청한다고 해서 이상하거나 바보 같아 보이지는 않는다. 직원 입장에서는 고객이 다치는 것보다 질문하는 편이 훨씬 나을 것이다. 게다가 당신이 무슨 얘기를 하든, 훨씬 이상하고 짜증스러운 문제를 다뤄 봤을 테니 당신이 최악이라고는 생각하지는 않을 것이다(웨이트 기구를 쓰고 나서 제자리에 놓지 않고 직원들이 정리하게 만드는 헬스장 텃세들이 최악이다). 다른 사람이 당신에게 말 거는 게 정말 싫으면, 휴대폰으로 정보를 찾아보면 된다.

신체 인식을 키우고 싶다면 프리 웨이트

대부분의 헬스장에는 머신이 있는 자리 한구석에 아령, 원판, 역기, 벤치, 받침대 따위가 늘어서 있다. 여기가 프리 웨이트 구역이다(이때 '프리'라는 단어는 웨이트 도구가 다른 장비에 붙어 있지 않다는 뜻이지 사용할 때 돈을 내는 것과는 상관없다). 이런 도구에 호기심이 생기는지, 아니면 그대로 무시하는 게 나을지 확인하기 좋은 공간이다.

앞서 말했듯이 그저 땀을 흘려서 뇌를 진정하는 게 목적이라면 프리 웨이트는 머신과 거의 비슷하다. 하지만 신체 인식을 키우고 싶으면 프리 웨이트가 약간 유리하다. 머신의 도움이나 안내 없이 아령과 역기를 들어 올리다 보면, 지금 이 동작이 어떻게 진행되고 느낌은 어떤지 표적 근육뿐만 아니라 나머지 부위까지 신체적·정신적으로 깊이 이해할 수 있게 된다. 경험 자체는 보람차겠지만, 이 방식은 학습 곡선이 상당히 가파르다는 사실을 기억해야 한다. 프리 웨이트 운동은 관절을 잡아 주는 작은 근육과 코어가 중요하며, 이런 요소를 강화하고 조정하려면 연습이 필요하다. 그러니 도구를 잡고 들기 시작했는데 뭐가 뭔지 파악이 안 되더라도 정상이다. 시간이 지나면서 이해되고 익숙해지기 마련이다.

혼자 프리 웨이트 트레이닝을 연구하고 있다면, 처음부터 개인적 의견이 별로 개입되지 않은 기본 정보를 찾아보자. 근력 트레이닝 관련 해부학 서적이나 실용적이고 사실을 기반으로 한 웹사이트 등에서 운동하는 방법과 각 동작이 자극하는 근육을 단순하게 설명한 자료를 참고해라. 블로그, 유튜브, 전문 잡지를 비롯해 수많은 운동 서적에서는 변형 동작이나 자세를 깊이 있게 다루거나 다양한 신체 부위에 맞는 '완벽한' 운동을 찾으려고 할 가능성이 크다. 하지만 그런 잡다한 정보를 배제하고 안전하게 동작하는 법과 몸이 받는 느낌을 파악하는 편이 더 쉽다. 당신의 몸과 기본 정보를 제대로 파악하고 나서 다른 지식을 찾아보는 게 덜 부담스러울 것이다.

기능성 트레이닝 구역

많은 헬스장에 케이블 머신cable machine(도르래와 케이블이 달린 장치로 자유롭게 당길 수 있다―옮긴이) 세트, 매트, 서스펜션 트레이너, 짐 볼과 메디신 볼, 그 밖의 이런저런 작은 도구를 모아 둔 구역(혹은 별개의 스튜디오)이 존재한다. 이런 공간을 기능성 트레이닝 구역이라고 한다. 공식적으로 기능성 트레이닝은 일종의 저항 트레이닝이다. 일상적인 동작 패턴에 초점을 두고 설계됐으며 실제로 생활하면서 원활하게 움직이고 부상을 방지하는 것이 목적이다. 하지만 '어떻게 분류해야 할지 불확실한 운동을 모은 것'을 의미하기도 한다.

우리 목적을 고려했을 때 이 공간에 있는 다양한 도구의 장점은 운동에 다양성을 부여한다는 점이다. 도구를 활용해서 두어 가지 동작을 추가하면 전통적인 근력 트레이닝에 신선한 변화가 생긴다. 기분이 좋아지고 더 넓은 웨이트의 세계에 관심이 간다면 재미까지 느낄 수 있다. 기능성 트레이닝 구역에서 무엇이든 흥미로워 보이면 운동 마지막에 한두 가지 동작을 추가해 보자(이 부분은 정말 도움을 구해야 한다. 케이블 머신은 웨이트 머신과 달리 설명이 전혀 붙어 있지 않고 다른 기능성 도구에도 거의 없기 때문이다. 하지만 흥미로운 것을 발견하면 집에서 정보를 찾아보고 다음번에 동작을 준비하고 가면 된다). 관심이 가지 않거나 오늘은 굳이 다른 동작을 섞을 기분이 아니라면, 거창한 도구는 건너뛰고 매트를 펼쳐라. 기능성 트레이닝 구역의 또 다른 장점은 준비 운동과 마무리 운동을 하기 좋다는 점이다.

내게 맞는 트레이너 찾기

대부분의 상업 헬스장과 커뮤니티 기반의 YMCA 헬스장에서는 퍼스널 트레이닝 상품을 판매하려 할 것이다. 그것도 아주 적극적으로. 물론 당신이 관심 없으면 싫다고 말할 수 있어야 한다. 보통 헬스장에서는 오리엔테이션이나 무료 PT를 회원권에 포함해서 제공한다. 새 헬스장이 어떤 곳인지 전반적으로 감을 잡고, 머신이 어떻게 움직이는지 파악하며 당신이 사용하는 방식에 일대일 피드백을 받을 수 있으니 꼭 한번 받아 보기를 추천한다(이때 어떤 식으로든 당신의 상태를 평가한다면, 또는 체중을 재고 이것저것 측정해서 억지로 그 수치에 따라 목표를 논하려고 한다면 그런 상담은 건너뛰어라. 건너뛰지 못하게 하면 도망가라. 그런 곳은 좋은 헬스장이 아니다).

오리엔테이션을 받으면서 운동을 처음부터 끝까지 다 할 필요는 없다. 하지만 장비에 익숙해지고 안전하게 사용하기 위해 몇 회 정도는 시도하고, 훈련받은 전문가가 그 모습을 보면서 조언하는 정도는 감당해야 한다. 몇 가지 시범을 보면서 다치지 않게 운동할 방법만 확인하고 싶다면 트레이너에게 분명하게 말해라. 그 말을 하는 게 불편하거나 그 상황을 감내하면서 받는 스트레스가 장점을 넘어선다면 말하지 않아도 좋다. 다만 용기를 내서 요구했는데 트레이너가 당신의 선을 존중하지 않는다면 그 오리엔테이션은 확실하게 생략해라.

오리엔테이션이 어떻게 진행되든 마지막에는 PT 구매를 요구할 테니, 예의를 차리면서 단호하게 관심 없다고 말해야 한다. 필요하면 미리 연습해라.

헬스장을 돌아다니는 트레이너들을 살펴보자. 이들은 피트니스 시설에서 중요한 역할을 하는 직업인이다. 고객이 요청하면 기본적인 도움을 주고, 모두가 안전하게 운동하면서 서로 존중하도록 격려하고, 개념 없는 사용자들이 운동하고 나서 자리에 널브러뜨린 장비를 치우는 게 이들의 역할이다. 하지만 일부 헬스장은 이 직무에 은밀하게 영업을 끼워 넣는다. 많진 않지만 운 나쁘게 걸리는 이런 곳의 트레이너들은 고객의 구매를 유도하라고 교육받는다. 당신이 하는 운동을 비판하면서 트레이너를 고용하지 않으면 시간 낭비를 하는 거라고 매도한다.

나는 이런 역할을 좋아하는 트레이너를 한 번도 본 적이 없다. 막말하지 않고 온건하게 구매를 유도하더라도 마찬가지다. 사람들을 돕는 건 훌륭한 일이다. 그렇지 않은 일은 트레이너들에게도 굴욕적이며 전문 지식과 열의를 동원해서 하고 싶은 일과도 완전히 어긋난다. 그저 당신이 조언해 줘서 고맙다고만 해도 기분 좋게 넘어갈 가능성이 크다(그렇지 않다 해도 당신에게 거부할 권리는 차고도 넘친다. 다른 사람과 대립하기 싫고 운동 전문가의 평가가 마음에 걸린다면 거부하기 힘들겠지만, 트레이너는 무슨 일이 있어도 이런 단호한 말을 존중해야 한다. "좋아요, 이제 운동을 마저 해야겠어요.").

이런 과정은 외부와의 상호 작용과 관련이 있지만, 나는 내부적으로 제대로 받아들이는 것도 중요하다고 생각한다. 누군가 당신을 지목한다고 해서 당신의 기술이 부족하다고 비판하는 게 아니니 창피해하거나 낙심할 필요는 없다. 쇼핑몰 매대에서 직원이 화장품 샘플을 주는 것과 비슷하다고 생각하자. 당신의 머리카락이나 피부가 징그러워서 주는 게 아니다. 지금 당신이 스스로 관리할 때보다 그들의 서비스를 받으면 더 좋다고 설득하기 위해서다. 트레이너가 안전에 관해 조언한다면 고려할 가치가 있다. 하지만 특별한 효과를 내세운다면, 특히 그 효과를 얻기 위해 서비스를 구매하라고 유도한다면 유용한 내용만 받아들이고 나머지는 무시해라.

트레이너를 고용하는 데 관심이 있으면, 이런 상호 작용을 하면서 상대를 떠볼 수 있다. 오리엔테이션을 해 준 트레이너와 운 좋게 마음이 맞거나, 헬스장에서 유독 도움이 되는 트레이너를 찾았다면 더 고민할 필요도 없다. 상대가 가능한지 알아보고 일정이 맞으면 먼저 세션 1회만 예약해라. 세션이 잘 풀리면 장기 계약을 고려하거나 패키지로 구매한다.

이렇게 잘 전개되지 않거나 이건 아니라는 생각이 들면 안내 데스크에 찾아가서 다른 가능한 사람이 있는지 물어보자. 혹은 당신이 다니는 헬스장에서 외부 트레이너를 허용하는지 알아보는 것도 방법이다. 더 폭넓게 조사할 여유가 있으면 온라인으로 검색하고 적당한 사람이 있는지 친구들에게 물어봐라.

지금까지 만났던 트레이너들이 어떤 면에서 마음에 들지 않았고 어떤 면은 좋았는지(좋았던 게 하나라도 있으면) 잘 생각해 보고 당신이 원하는 것을 하나하나 적어 보자. 당신의 목적과 지켜야 할 선을 확실히 해야 한다. 그러면 헬스장 관리자가 당신의 요구에 맞춰 추천하는 데 도움이 되고 이 내용이 관리 기준이 된다. 당신을 잘 파악하면 니즈에 맞춰 프로그램을 적절히 다듬을 수 있으므로 제대로 된 트레이너는 이런 정보를 환영한다. 당신의 요구를 꺼리는 트레이너는 본인이 당신과 안 맞는다고 증명하는 셈이다.

호전적인 자세로 트레이너를 물색할 필요는 없지만, 당신이 원하는 것과 원하지 않는 것을 단호하고 명확히 밝혀야 한다. 불안하거나, 부끄럽거나, 주장을 관철하기 어렵다면 마음의 여유가 있는 시기에 조사하는 편이 낫다. 당신을 도와줄 사람을 데려오는 것도 방법이다(그 사람이 헬스장 회원이 아니라면 안내 데스크에서 함께 대화해도 되는지, 혹은 손님용 입장권을 무료나 할인해서 받을 수 있는지 확인해 보자).

이 모든 원칙은 수업을 들을 때도 적용된다. 흥미가 가는 것을 시도해라. 좋으면 또 해라. 그렇지 않으면 넘어가라. 수업에 확신이 들지 않으면 시도하기 전에 강사에게 물어봐라.

지금까지 제안한 내용은, 글로 읽으면 비교적 간단해 보이지만 실제로 적용하기는 쉽지 않다. 특히 당신이 이미 피곤하고 의기소침하며 팽팽하게 긴장한 상태라면 더 그렇다. 당신과 잘 맞는 심리 치료사를 찾을 때와 비슷하다. 최종 결과가 정신 건강에 좋은 영향을 미칠 수도 있지만, 그 과정에서 연구하고 노력하면서 상당한 정신적 비용을 치러야 한다.

내가 이런 제안을 하는 이유는 조사할 기력이 있는 사람들이나 기력을 짜낼 가치가 있다고 생각하는 사람들에게는 이것이 유용하기 때문이다. 당신이 이 부류에 해당하지 않아도 괜찮다. 이 조언은 제쳐 두고 다음에 기분이 내키거나 그럴 가치가 있다고 느껴질 때 다시 도전하면 된다. 아예 생각도 하지 말고, 그냥 회원으로 등록한 다음 가능할 때마다 할 수 있는 만큼 해도 된다.

헬스장 텃새, 무해한 근육광과 무례한 고인 물

일반적인 헬스장에서 당신이 마주칠 피트니스 광인에는 두 가지 유형이 있다. 첫 번째는 근육광이다. 이들은 무해하다. 엄청난 중량을 드는 데다 몸은 해부학 교과서에서 걸어 나온 것 같아서 겉으로는 무서워 보일 수도 있다. 하지만 전부 극도로 열심히 해서 나온 결과다. 트레이닝은 그들이 진심으로 사랑하는 대상이고 그들의 삶에서 막대한 부분을 차지하며 식단을 포함해서 모든 게 트레이닝 중심으로 돌아간다(애정이 있어서 하는 말이지만, 그 정도로 헬스에 전념하는 건 운동 자체를 추구한다기보다는 지나가는 기관차 번호 맞추기나 야구 기록 수집 같은 활동과 비슷하다. 이런 활동에서 중요한 건 숫자와 타이밍, 세세하고 면밀한 관찰이다. 우리 사회가 유독 헬스광을 다르게 대접하는 건 헬스의 결과로 문화적으로 선호하는 몸을 얻을 수 있기 때문이다). 그들 주변에 가면 이상한 기분이 들더라도, 이들은 당신을 전혀 개의치 않는다는 사실을 기억해라. 아마 다음 세트를 상상하거나 언제 단백질 셰이크를 먹을지에 신경 쓰고 있을 것이다.

이에 반해 헬스장 고인 물(성별 무관)은 훨씬 거슬리는 사람들이다. 이들은 자기가 헬스장 주인이라는 듯이 행동한다. 동작이 끝나면 장비를 아무 데나 버려둔다. 다른 사람이 기구를 쓰고 있는데 당장 멈추고 자기 같은 사람을 위해 양보해야 한다는 듯이 주변을 위협적으로 맴돈다. 헬스장의 다른 회원들을 헐뜯기도 한다. 잘난 척하며 가르치려 드는 건 더 나쁘다.

안타깝지만 이런 짜증 나는 사람들을 현명하게 대할 방법은 없다. 다만 이런 문제는 점차 나아지고 있다. 사람들이 점점 덜 재수 없어지는 것인지, 헬스장이 더 포용적인 환경을 조성하는 것인지는 모르겠다. 하지만 나와 내가 아는 사람들의 경험이 조금씩 바뀌고 있는 건 사실이다. 그래도 이런 캐릭터가 아직 완전히 사라지지는 않았다.

다른 사람이 하는 일에 관심을 가지거나 헬스장에서 내 모습이 어떻게 보일지 신경 쓰는 사람들은 자존감과 정신 연령이 낮다. 다른 사람이 못 하거나 안 하는 일을 해야만 자기 성과에 자부심을 느끼는 사람은 내면이 공허하다. 하지만 지금 이런 깨달음만으로는 이들을 뿌리 뽑기 힘들다는 것도 안다.

당신에게는 이런 사람들에게 꺼지라고 할 정당한 권리가 있다. 누군가 같이 하자고 하면(당신이 세트 사이에 휴식하는데 머신을 사용하거나 머신을 쓰고 있는데 잠깐 쉬라고 한다는 뜻이다) 고려해 주는 게 헬스장 에티켓이지만 의무는 아니다. 불공평한 일이긴 하지만 이런 사람들을 피해 운동하는 것도 충분히 이해가 간다.

어떤 운동을 하든 그들의 조언에 귀 기울이지 말고 그들이 하는 대로 따라 하지도 마라. 그런 사람들치고 정확히 알고 하는 사람은 거의 없다.

집에서도 할 수 있는
웨이트 트레이닝

집에는 헬스장 텃새가 없으니 얼마나 좋은가. 게다가 헬스장에서 하기 불편했거나 시간이 부족했던 트레이닝을 할 수도 있다. 집에서는 하루를 보내면서 조금씩 운동할 수도 있다. 어떤 동작을 1~2회 했다가 의욕이 생기면 계속하고, 별로 하고 싶지 않으면 다른 일을 하거나 멈춰도 된다. 집에 있는 물건으로 재미있는 리프팅을 해도 좋다. 원하면 침대에서도 근력 트레이닝이 가능하다.

하지만 집에는 번듯한 장비들이 없다. 장비가 없다고 꼭 나쁜 건 아니지만 근력 트레이닝을 깊숙이 파고들고 싶으면 창의적인 계획이 필요하다.

중량 정하기, 운동 계획하기, 진도 나가기 등 앞서 했던 제
안이 여기서도 적용된다(잘 생각나지 않으면 217쪽 '내게 맞는 숫
자를 확인해라'를 참고해라). 집에 방문하는 트레이너(가상이든 실
제든)를 고용해서 시키는 대로 따르기로 했으면 개인 트레이너
를 찾는 방법을 참고하자. 그리고 운동을 감당할 수 있는 단위
로 잘게 쪼개서 할 수 있는 만큼 하라는 조언도 그대로 적용된
다. 유일한 차이는 집이라는 환경에서 뭘 들 수 있는지, 멋진 장
비는 무엇을 얼마나 갖추고 싶은지 파악하는 것뿐이다.

기본 장비 갖추기

예산이 충분하고, 모든 장비를 갖춘 홈 헬스장을 구축해서
완벽한 근력 트레이닝 프로그램에 뛰어들고 싶은 게 아니라면
작게 시작할 것을 추천한다. 집에서 운동하고 싶다는 확신이 들
면(혹은 마지못해 계속할 용의가 있다면) 장비를 하나씩 추가해 보
자. 이 시점이 되면 당신이 구입한 장비를 정말 사용할지, 투자
가치가 있는지 확신할 수 있다. 어떤 저항 운동이 더 재미있고
유용한지 파악하면 투자할 장비를 고르는 데도 도움이 된다.

집에서 저항 트레이닝을 시작하려면 두 가지 도구만 있으면 된다. 서거나 구를 수 있는 요가 매트와 등 윗부분을 자극하는 당기기 운동에 쓸 물건만 준비해라.

나머지 부위는 맨몸 운동으로도 자극할 수 있다. 이런 동작은 신체 인식을 일깨우고 관절 안정화에 쓰이는 소근육을 자극하며 큰 근육을 키우고 탄탄하게 해 준다. 하지만 당신이 곧바로 턱걸이를 할 수 있는 운동 천재이고 집에 이런 목적으로 쓸 수 있는 봉이 있는 게 아니라면 구체적으로 광배근과 승모근, 마름근(어깨뼈와 연결된 마름모 형태의 근육—옮긴이)을 단련할 장비가 필요하다. 아래 세 가지 중에 하나를 추천한다.

① 플렉스밴드나 튜빙 밴드

근력 트레이닝을 목적으로 사용하는 커다란 고무줄이다. 플렉스밴드는 넓적하며 튜빙 밴드는 둥글고 손잡이가 있다. 약간의 창의력을 발휘해서 둘 중 하나를 사용해 간단히 랫 풀다운lat pull-down(광배근을 끌어 내리는 운동—옮긴이), 로잉, 리버스 플라이reverse fly(양팔을 등 쪽으로 모으는 운동—옮긴이)를 할 수 있다. 이런 운동은 자리를 거의 차지하지 않고 밴드도 저렴하다.

요즘에는 생활용품 할인점에서도 운동용 밴드를 판매한다(하지만 진행하다 보면 이런 임시용품은 졸업하고 본격적인 단련과 안전을 위해 피트니스 전문점에 있는 제품을 쓰고 싶어질 것이다).

② 아령

아령 한 세트만 있으면 헬스장에서 운동하듯이 벤트 오버 bent over(허리를 숙이고 팔을 양쪽으로 들었다 내리며 삼각근을 강화하는 운동―옮긴이)나 한 팔 로잉 운동을 할 수 있다. 요즘 아령은 점점 커지면서 값이 오르고 집에서 보관하기도 힘들어지는 편이다. 하지만 3~9킬로그램 정도의 세트가 있으면 로잉 운동에 괜찮은 범위이고 가격도 적당하다. 중고는 더 저렴하다. 아령은 자리를 많이 차지하지 않으니 구석에 눠두면 된다.

③ 서스펜션 트레이너

조절 가능한 나일론 줄이다. 문에 달거나 벽, 천장에 설치한 고정쇠에 고정한다. TRX라는 브랜드명으로 아는 사람도 있을 것이다. 서스펜션 트레이너는 로잉과 리버스 플라이, 점진적으로 완전한 턱걸이를 할 수 있게 설계된 운동에 적합하다. 서스펜션 트레이너는 다른 두 가지 도구보다 좀 더 비싸지만 비교적 적당한 가격이다. 특히 중고나 기성품은 더 저렴하다(제대로 모르는 상태에서 주문 제작을 하는 건 추천하지 않는다. 어떻게 알았는지는 묻지 마시길). 벽에 고정하든 문에 설치하든 안전하고 효과적이며 설치와 해체, 보관이 쉬운 편이다.

맨몸 운동이 점점 발전하면 사용하던 장비를 다른 주요 근육군을 자극하는 데도 쓸 수 있다. 그러면 투자할 만한 다른 장비도 고려하게 된다.

무엇에 투자하면 좋을까?

충분한 예산과 큰 집이 없으면 프리 웨이트 전용 구역을 꾸미거나 머신을 사는 건 극도로 비실용적인 일이다. 하지만 현재 집에 있는 장비에서 몇 가지 핵심 요소만 갖추면 이대로 뭘 할 수 있을지 대부분 예상 가능하다.

첫째, 점차 진도를 나가면서 여러 가지 운동을 할 수 있는 장비에 투자해라. 예를 들어 서스펜션 트레이너는 한 동작의 각도나 위치를 바꿔서 저항 수준을 변경한다. 무게를 조절하는 아령 세트도 있다. 공간이 충분하고 돈을 쓰고 싶으면 가정용 케이블 머신도 좋다.

이 정도로 멈추거나, 헬스장의 기능성 트레이닝 구역에 있는 것과 비슷하지만 좀 더 작은 기구로 운동을 보충해 보자. 이 부분은 당신의 선호도와 흥미에 달렸다. 화창한 날에 동네 공원에서 메디신 볼을 던지고 싶은가, 아니면 집에서 굴리고 싶은가? 아니면 스태빌리티 쿠션stability cushion(만지거나 체중을 실으면 불안정하게 출렁이는 쿠션으로 코어 운동, 균형 잡기 등에 사용된다— 옮긴이) 한 쌍으로 균형 잡기에 도전하면 어떨까? 케틀벨을 휘두르고 싶은가? 시도해 보자.

이 중에 유명 브랜드가 필요한 제품은 없다. 가장 비싼 제품이라고 해서 탄탄한 중간급 제품에 비해 효과가 대단히 크지도 않다. 다만 내구성을 생각해서 시장에 나온 제품 중에 최저가를 고르지는 말자. 온라인 중고 사이트와 중고품 할인점, 특가 판매 등을 확인해라. 그리고 주위를 둘러보면 사업을 접는 헬스장이나 운동을 그만두면서 정가보다 매우 저렴하게 장비를 처분하려는 사람들이 늘 존재한다.

무거우면 웨이트다

화려한 장비를 사지 않아도 웨이트 트레이닝으로 기분 향상 효과를 누릴 수 있다. 뭐든 무거운 걸 반복해서 들면 뇌 화학 물질이 조금은 나오기 마련이다. 장비에 한 푼도 쓰고 싶지 않으면 지금 소개하는 운동을 해 보자.

반려동물로 고블릿 스쿼트goblet squat(아령 따위를 가슴 앞으로 들어 올린 상태에서 하는 스쿼트—옮긴이)
고양이나 개의 동의하에 팔로 안고 다리를 어깨너비로 벌리고 선다. 허벅지가 바닥과 평행해질 때까지 천천히 무릎을 굽힌다. 반려동물이 내려 달라고 할 때까지 반복한다.

식료품으로 로잉(노 젓기 운동—옮긴이)
내용물이 가득 찬 봉투를 양손에 하나씩 들고, 선 자세에서 등을 편 상태로 상체를 굽힌다(배꼽을 가볍게 척추 쪽으로 당겨서 허리를 지지한다고 생각해라). 팔을 아래로 늘어뜨린 상태에서 몸 쪽으로 이두박근이 상체와 평행해질 때까지 봉투를 당긴다. 그다음 천천히 내린다. 12회, 혹은 아이스크림이 녹기 전까지 반복한다.

칵테일로 해머 컬hammer curl(서서 아령 따위를 어깨 쪽으로 들어 올리는 운동—옮긴이)
술이 가득 든 750밀리리터짜리 병이나 1.4킬로그램 정도의 음료수병이 필요하다. 칵테일을 제조하기 전에 한 손으로 병을 잡고 팔을 옆구리에 붙여서 내렸다가 팔꿈치를 접으며 들어 올린다. 한쪽당 12회, 혹은 목이 마를 때까지 반복한다(근육광들 사이에서는 음주 근육을 강화하려고 해머 컬을 한다는 게 흔한 농담이다).

묵직한 담요로 벤치 프레스

침대에서 나오기 싫으면 담요를 베개처럼 돌돌 말아 보자. 등을 대고 천장을 보고 누운 채 담요 베개를 밀어 올리며 팔을 쭉 뻗었다가 천천히 내린다. 몇 번이든 반복해라. 침대에서 못 나오겠다는데 숫자나 최소 횟수를 신경 쓰라고 말할 생각은 없다.

고통이 없어도
얻을 수 있다

이제 당신은 근력 트레이닝을 어떻게 시작하고 지속할지 알아냈다. 더 나아가기 전에, 지나치게 기력을 소모하지 않고 저항 운동에서 최대한 효과를 볼 수 있는 팁을 소개한다.

쉬어라

근력 트레이닝에서 휴식의 단점은 전혀 없다. 부상을 방지하고 지쳐 나가떨어지지 않게 하며, 실제로 운동 효과를 촉진한다. 웨이트를 하면 미세하게 근육이 찢어진다. 쉬면서 재충전할 때 근섬유가 회복하면서 더 크고 강해진다. 쉬지 않으면 근육이 성장할 틈이 사라진다.

한계를 넘을 때까지 몰아붙이지 않는다

한계점까지 밀어붙일 필요도 없다. 올바른 자세로 안전하게 들 수 있을 때까지만 계속하면 된다. 불편함과 약간의 쓰라림은 괜찮다. '통증은 금물'이다. 근력 트레이닝에서는 한계가 아니라 능력을 시험할 때 효과를 볼 수 있다.

대비책을 마련해라

동작이 계획대로 되지 않거나 어떤 이유로든 내키지 않을 때를 대비해서 수정안을 한두 가지 염두에 두는 편이 현명하다. 하지만 힘든 동작을 할 때 개인적으로 집중을 흩트릴 만한 약점이 있다면 대비책이 특히 중요하다. 나는 엉덩이가 땅에 닿는 스쿼트(말 그대로, 엉덩이가 바닥에 닿기 직전까지 내려가는 깊은 스쿼트를 뜻한다)를 즐겨 한다. 이 동작의 장점과 기능을 미리 연구했고 실제로 했을 때 기분이 좋았다. 감각이 기민할 때는 허리와 무릎이 위험하지 않도록 매끄럽게 할 수 있다. 하지만 머리가 멍할 때는 자세가 엉성해지고 어색한 느낌이 든다. 그럴 때는 평행 스쿼트(허벅지가 바닥에 평행할 때까지 쭈그려 앉았다가 다시 일어서는 동작)로 바꾼다. 훨씬 연습을 많이 했고 제어하기 쉬운 동작이기 때문이다.

코어를 조인다

숨 쉴 틈 없이 조이는 코르셋을 입은 것처럼 전신에 잔뜩 힘을 줘서 중량을 들 필요는 없다. 하지만 코어를 조금 활성화하면 코어를 압박하는 웨이트 동작을 하는 동안 등을 지탱하고 전반적으로 올바른 자세를 유지할 수 있다. 어떤 느낌인지 모르겠으면 자리에서 일어나서 숨을 들이쉬며 배꼽을 척추 쪽으로 가볍게 당긴다고 생각해라. 그 정도 수축을 목표로 삼아야 한다.

되도록 긴장하지 않는다

내가 당신에게 이런 말을 하다니 유감이다. 불안 장애에 시달리는 완벽주의자로서 이런 말을 해 봤자 스트레스만 가중된다는 사실을 알고 있다. 하지만 이 문제와 관련해서 경험이 풍부한 만큼, 균형을 잘 잡아야 몸이 더 가뿐하다는 사실도 안다.

자세에 집중하고 모든 동작을 올바르게 하고 있는지 확인하는 것은 무척 중요한 과정이다. 하지만 동작과 자세에 신경을 쓰다 보면 결국 엄청난 스트레스가 어깨를 짓누르기 마련이다. 이 스트레스는 점점 기어 올라와서 목을 뻐근하게 한다. 지나치게 생각하면 스트레스만 늘어날 테니 걱정하지 말고, 긴장이 될 때는 잠깐 한숨 돌리면서 편안한 마음을 가져라.

쉬어라

앞에서 한 말이지만 그만큼 정말 중요하다. 아직도 확신을 못 하겠으면 8장 '못 견디겠으면 쉬어라' 전체를 이 내용에 할애했으니 확인해 보자.

7장

유산소 운동은
외로움을 줄인다

심장을 좀 더 빨리 뛰게 해라

Work It Out

아마추어 달리기 선수들과 어울리다 보면 온갖 특이하고 흥미진진한 이야기들을 듣게 된다. 가령 어느 레이스에서 주는 기념품 가방과 종료 간식이 가장 좋은지, 공공 화장실이 없는 장거리 달리기를 할 때 어디에서 문제를 해결할 수 있는지, 근육과 무릎을 제자리에 붙들어 주는 결합 조직의 균형이 맞지 않을 때 허리 아래로 다칠 수 있는 온갖 부위가 어디인지 등.

그리고 선수들 가운데 다수가 감정 문제를 겪는다는 사실도 알게 된다. 모욕하는 게 아니다. 이들은 대부분 누구보다 먼저 이 사실을 인정하며 자기 인식과 수용 수준도 높다. 또한 달리기를 통해 삶의 문제를 어떻게 치료했는지 터놓고 밝히는 편이다.

그렇다. 당신은 말 그대로 문제에서 달아날 수 있다. 내가 아는 선수들은 대부분(나 자신 포함) 살면서 겪는 고통에서 멀어지고 싶어서 물리적으로 거리를 벌리며 뛰기 시작했다. 우리 중 누구도 괴로운 마음에서 완전히 벗어나지는 못했지만, 최소한 달리는 행위 자체를 돌이켜 보면 머리가 맑아지고 편안해졌다 (러너라면 달리기는 싫어도 달렸던 기억은 사랑하는 법이다). 상태가 나아지면 무엇을 향해 달릴지 목표를 발견할 때도 있다.

하지만 꼭 선수처럼 달려야 유산소 운동으로 기분을 개선할 수 있는 건 아니다. 맥박을 높이고 어느 정도 그 상태를 유지하는 행위는 무엇이든 유산소 운동이 될 수 있으며, 뇌에도 좋은 영향을 미친다. 동네 가게에 과자를 사러 가는 것도 유산소 운동이다(걷기는 뛰어난 유산소 운동이며 지금보다 훨씬 높은 평가를 받아야 한다). 혼자 춤추는 것도 유산소 운동이다. 세상을 욕하거나 유산소가 얼마나 싫은지 곱씹으며 머리 위로 팔을 흔들기만 해도, 충분한 강도로 오랫동안 하면 유산소 운동이 된다. 심장을 조금 더 빨리 뛰게 하고 그 맥박을 유지하면 몸과 정신 건강에 긍정적인 효과를 준다.

맥박은 조금만 빨라지면 된다. 사람들은 유산소라고 하면 심장이 걷잡을 수 없이 뛰고 숨을 헐떡여야 한다고 생각하는 경향이 있다. 그 정도로 밀어붙이는 유산소 트레이닝도 있지만 (그리고 적절히 조절해서 다시 맥박을 떨어트린다), 유산소 운동을 잘하고 싶어서 그렇게까지 무리할 필요는 없다.

심박수가 올라간다는 게 어떤 느낌인지 잘 모르겠으면 이렇게 해 보자. 지금 자신의 맥박을 짚어서 맥박이 뛰는 리듬을 느껴 본다. 이제 일어나서 조금 움직인다. 제자리에서 걷거나 가볍게 춤을 춰도 좋다. 버피까지 할 필요는 없다. 다 움직이고 나면 다시 맥박을 짚고 변화를 느껴 보라. 심박수가 올라간다는 건 이런 의미다. 이 정도면 충분하다.

심혈관을 강화하는 유산소 운동은 그 이름에 걸맞게 심혈관에 지대한 영향을 미친다. 심장 기능을 강화하고, 폐활량을 증대하며 혈류를 개선한다. 게다가 뇌 기능을 향상하고 에너지를 보충하며, 수면의 질을 높이고 병증을 완화하고 부상을 방지한다. 이 모든 효과가 정신 건강에 도움이 된다.

과학적 연구 결과에 따르면 유산소 운동은 불안과 우울,

부정적인 기분을 완화해 준다. 전문가들은 유산소 운동이 자존감을 높이는 한편 고독감과 외로움을 줄인다고 말한다. 나뿐아니라 내 고객들, 그리고 함께 운동하는 친구들도 체험한 효과다.

지속 반복 유산소^{steady-state cardio}(저강도나 보통 강도로 속도와 노력을 일정하게 유지하는 유산소 운동)는 특히 머리를 맑게 하는 효과가 있다. 몇 초에 한 번씩 휴대폰을 만지작거리면서 이런 운동을 안전하고 효과적으로 할 수는 없으니 자연스럽게 잡념이 차단되기 때문이다. 그렇게 산만함을 떨치고 나면 머릿속으로 다른 일을 할 수 있다. 주변 풍경과 소리에 집중하면서 가볍게 명상하거나 만트라를 반복해서 외워 본다. 집중은 하고 싶지만 마음챙김을 곁들여 운동하기가 쉽지 않다면 악담을 퍼부어도 된다. 그냥 마음이 흘러가는 대로 두고 봐도 좋다. 그것도 안되면 음악이나 팟캐스트, 오디오북 등을 들으면서 다른 데로 정신을 돌려 본다('헬스장에서 들을 만한 것들' 274쪽 참고).

달리기 동호회나 댄스 수업 등 지속 반복 유산소에 초점을 맞춘 그룹 트레이닝은 내가 못 해도 팀이 피해를 보는 게 아니어서, 부담 없이 팀 스포츠를 즐기며 동지애를 느끼고 싶은 사람들에게 적합하다. 사람이 둘 이상 모이면 늘 그렇듯 집단 내 상호 작용과 경쟁에서 문제가 생길 수 있지만, 하고 싶은 운동을 하면서 서로 영향을 주고받기 좋은 환경이다. 자폐 스펙트럼 보유자의 관점에서 이런 활동은 어른들의 평행 놀이(여러 명이 같은 공간에서 같은 활동을 하지만 서로 간섭하지 않고 혼자서 노는 놀이—옮긴이)처럼 보인다. 여러 사람과 더불어 운동 자체를 목적으로 경기에 참여하는 것도 괜찮다면, 즉 '경쟁이 아니라 완주'를 위해 경기할 수 있으면 당신에게도 유익할 것이다.

인터벌 트레이닝은 잠깐 생각을 전환하고 스트레스를 해소하기에 좋다. 강도 높은 유산소 운동은 폭발적인 효과를 분출한다. 인터벌 트레이닝은 경험상 가장 카타르시스가 큰 운동이다. 힘든 구간은 언젠가 끝난다고 자신을 다독여 가며 다음 휴식을 손꼽아 기다리고, 호흡이 끊이지 않게 노력하다 보면 부정적인 생각을 차단할 수 있다. 사실 세션이 끝날 때쯤이면 너무 피곤해서 다른 생각을 하기가 쉽지 않다.

과훈련에
주의해라

모든 운동이 마찬가지지만 유산소 운동을 할 때는 무리하지 않게 조심해야 한다. 이 원칙이 유산소 운동에서 특히 중요하다고 생각하는 이유는 유산소 운동에 매력을 느끼는 사람들이 지나치게 빠져드는 경향이 있기 때문이다. 나는 열정적인 유산소 운동 마니아와 대화하고 나서 '이 사람은 정말 균형이 탁월하게 잡혔구나'라고 확신한 적은 한 번도 없다.

지금 유산소 운동에 흥미를 느낀다면, 새롭게 불붙은 열정(진정 기적 같은 일이다)에 푹 빠지더라도 자신을 지나치게 몰아붙이지 않게 균형을 찾아야 한다. 심하게 강도를 높이거나 거리를 늘리면 아프거나 다칠 위험이 커진다. 결국 몸이 불편해지고 의욕이 크게 꺾일 수 있다.

일주일에 유산소 운동을 하는 횟수와 총시간, 거리에도 주의해야 한다. 강도와 거리에 과도하게 집착하면 운동으로 얻는 정신 건강의 효과를 놓치기 쉽다. 과훈련 증상으로는 쓰라림, 염좌, 만성 과사용 손상 overuse injury(반복적인 외상으로 조직이 회복 능력을 초과했을 때 나타나는 손상—옮긴이), 온갖 질환, 집중력 저하, 피로, 성욕 저하, 기타 끔찍한 기분 등이 있다(유산소에 열광하기보다 마지못해 버티는 쪽이라면 최소한 이런 문제는 걱정하지 않아도 된다).

일부 피트니스 전문가들은 유산소 운동이 체중 증가로 이어질 수 있으니 심하게 하면 안 된다고 주장하곤 한다. 누가 이런 말을 하면 무시하거나, "지방 공포에서 나온 미신을 신봉한다"라며 소리를 질러도 된다. "유산소 운동을 하면 뚱뚱해진다"라는 말은 "백신을 맞으면 자폐증이 생긴다"라는 말과 비슷하다. 전부 사실이 아니지만, 뚱뚱하거나 자폐가 있다고 해서 잘못된 것도 아니다.

유산소 운동은 불안 증상 완화에 좋은 만큼 한 가지 문제로 이어질 수 있다. 심박수가 상승할 때 몸이 반응하는 과정은 불안 발작이 일어나는 과정과 비슷하다. 심지어 맥박 상승이 발작을 유발하기도 한다. 하지만 장점이 이런 위험보다 훨씬 크기 때문에 나는 여러분이 유산소 운동을 피하지 않았으면 한다(내 경우 공황을 느낄 때 유산소 운동을 하면 도움이 된다. 맥박이 높아진 이유가 존재하고 내가 통제할 수 있다는 뜻이기 때문이다). 하지만 급하게 시작하지 말고 뇌와 몸이 어떻게 느끼는지 인식할 것을 추천한다. 그렇다고 과도하게 경계하면 더 불안해질 뿐이니 그러지 말자. 다만 전반적으로 인식할 필요는 있다. 유산소 운동이 불안을 악화한다면 노력해서 극복할지, 스트레스와 노력이 필요 없는 다른 대안을 찾을지는 당신에게 달렸다. 둘 다 타당한 선택이다. 무엇을 선택하든 자신에게 관대해져라.

다시 말하지만 아프거나, 다쳤거나, 개인적으로 걱정되는 문제가 있으면 새 트레이닝 프로그램을 시작하기 전에 건강 전문가와 상담하길 바란다.

나에게 맞는 유산소
트레이닝 머신 찾는 법

일반 헬스장에 들어가면 유산소 머신이 길게 늘어서 있다. 러닝 머신과 엘립티컬 트레이너elliptical trainer(러닝머신과 스테퍼를 합친 유산소 기구—옮긴이)는 넘쳐나고 고정형 바이크와 리컴번트 바이크recumbent bike(누워서 타는 자전거—옮긴이)가 보이기도 한다. 구석에 낯선 장비가 몇 개 있을 수도 있다. 이런 유산소 트레이닝 머신은 맥박을 높이는 한편 정신 건강에 도움을 준다. 특정한 신체적·정신적 조건에 따라(혹은 개인의 취향에 따라) 더 나은 머신이 있을지 모르니, 당신에게 맞는 머신을 찾을 때 전반적인 정보를 기억해 두자.

러닝머신은 사용하기 쉽고 실용적이다. 화려한 기능이나 프로그램을 원하지 않는다면 그냥 올라가서 가급적 안전벨트를 착용하고(우스꽝스러워 보여도 유용하다. 혹시라도 미끄러지면 이 작은 안전장치가 러닝머신을 멈추고, 뒤로 넘어져서 다치거나 SNS 스타가 될 위험을 방지해 준다), 시작 버튼을 누른 다음 적당한 속도가 될 때까지 서서히 수치를 올리면 된다. 변화를 주고 싶으면 속도와 경사를 바꿔서 난이도를 조절해라. 최신 모델에는 다양한 운동 프로그램이 설정돼 있어서 아무 생각 없이 시키는 대로 하고 싶을 때도 유용하다. 다만 관절이 뻑뻑해서 충격이 덜한 운동을 하고 싶거나 평소보다 피곤하고 움직임이 매끄럽지 않을 때는 러닝머신이 적합하지 않다. 러닝머신에서 작은 사고가 발생하면 다치지는 않더라도 창피할 것이다(이것도 어떻게 아는지 묻지 말아 주길 바란다).

엘립티컬 트레이너는 관절이 받는 충격을 줄여 주는 훌륭한 대안이다. 러닝머신만큼 프로그램 설정이 다양하지는 않지만, 단계와 저항 수준을 바꿔서 운동 강도를 조절한다. 그리고 빠르거나 천천히 움직여서 속도와 강도를 바꾼다. 원래 협응 능력이 좋지 않다면 익숙해지기까지 시간이 좀 걸리겠지만, 동작이 익숙해지면 통증 없이 쉽게 시작할 수 있다.

고정형 바이크와 리컴번트 바이크는 좀 더 복잡한 설정이 필요하다. 자기 몸에 맞춰 안장과 핸들을 조절해야 더 안전하고 효과적으로 운동할 수 있다. 그래도 넘어지지 않으려고 안간힘을 써야 하는 다른 장비와 달리 한 번 자리를 잡으면 아무 생각 없이 흘러가는 대로 페달만 밟으면 된다. 심지어 바이크로 운동하면서 명상을 유도하는 실내 사이클링 트레이닝에서는 페달을 밟으며 눈을 감고 마음챙김 명상을 한다. 안장에서 떨어지거나 핸들 위로 넘어지지만 않으면 괜찮다.

로잉도 딴생각하며 하기 좋은 운동이다. 연습이 필요한 동작이기 때문에 신체 인식이 뛰어나지 않으면 익숙해질 때까지 시간이 걸리긴 하지만 한 번 리듬을 타면 계속 움직이면서 호흡에만 신경 쓰면 된다.

버사클라이머versaclimbers(전신 근육을 사용하는 클라이밍 기구―옮긴이), 에어 바이크air bike(핸들바를 움직이면서 페달을 밟는 바이크―옮긴이), 제이컵스 래더jacobs ladder(손발을 이용해 올라가는 사다리 기구―옮긴이) 같은 기타 운동 기구로 변화를 줄 수도 있다. 일반적인 운동 기구와는 색다른 구석이 있어서 몸과 뇌를 자극하기에 좋다. 또한 상당히 강도가 높은 편이라서 기분 전환을 하고 싶을 때나, 잡념을 차단하고 억지로 집중할 대상이 필요할 때 유용하다.

헬스장에 편하게 사용할 수 있는 수영장이 있으면 그것도 고려 대상에 넣어라. 수영도 훌륭한 운동이고 기분 전환에 좋다. 수중 워킹도 마찬가지다.

유산소 운동법과 장비는 결국 개인의 취향이 중요하다. 그러니 어린아이가 장난감 가게를 둘러보듯이 하나하나 모두 시도해 보기 바란다. 당신의 목표는 즐겁거나 견딜 만한 운동을 찾는 것이므로, 이 목적에 맞지 않는 조건에 얽매일 필요는 없다. 어떤 장비로 '가장 훌륭한 운동'을 할 수 있는지는 신경 쓰지 말자. 가장 좋은 운동은 계속할 수 있는 운동이다. 머신에 붙어 있는 칼로리 추적기 따위에 신경 쓰면서 숫자가 더 잘 나오는 머신이 있는지 찾지 마라. 그런 숫자는 가상의 추정치에 불과하다. 그냥 장비를 갖고 놀아라. 한 번에 하나씩 오래 붙들고 해 보든, 머신마다 몇 분씩 시험 삼아 해 보든 간단하고 최대한 부담 없는 것을 고르면 된다. 그 과정을 즐기면서 뭐가 가장 재미있었는지(아니면 가장 재미없었는지) 생각해 보자.

헬스장에 수업 프로그램이 있고 그룹 피트니스에 거부감이 없으면 관심이 가는 유산소 수업을 들어 볼 것을 추천한다. 결국 무엇이 당신의 마음에 들지 아무도 모르는 법이다. 마음에 들지 않으면 다시 하지 않아도 된다. 당신과 심하게 안 맞으면 수업이 끝나기 전에 나오자. 예의 바르게 양해를 구하거나 그냥 조용히 떠나도 괜찮다. 장담하는데 당신이 나쁜 사람이라고 생각하거나 영원히 마음에 담아 둘 강사는 거의 없다(사실 당신의 참석 자체를 고맙게 생각할 것이다. 그룹 수업을 계속하려면 인원을 채워야 하고, 강사가 직장을 지키려면 회원이 등록해야 한다. 당신은 수업에 나타났고, 끝까지 안 했더라도 출석부를 채웠다). 사람들을 만나서 어색해질까 봐 생각만 해도 거부감이 든다면 온라인 강좌도 고려해라.

헬스장에 회원용 샌드백이나 프리 스탠딩 백이 있는지도 확인해 보자. 샌드백으로 하는 복싱이나 킥복싱은 카타르시스를 분출하는 유산소 운동이다. 당신을 괴롭히는 악당이 샌드백이라고 생각하면 의욕이 솟아날 것이다.

헬스장에서 들을 만한 것들

운동하는 동안 들을 만한 것이 필요한가? 기분에 따라 무엇을 들으면 좋을지 소개한다.

운동에 집중하고 있지만 배경에 소리를 깔고 싶을 때
- 여러 번 봤던 익숙한 TV 프로그램
- 연주곡
- 명상 앱

기분은 괜찮지만 계속하려면 다른 자극이 필요할 때
- 좋아하는 노래
- 가볍거나 약간 진지한 주제로 수다를 떠는 팟캐스트
- 평소 휴대폰으로 빈둥거릴 때 트는 TV 프로그램

운동이나 잡념 대신 무엇이든 집중할 게 필요할 때
- 오디오북
- 관심 많은 주제를 다루는 팟캐스트
- 보고 싶었던 TV 프로그램

야외에서 할 수 있는
유산소 운동

물론 꼭 헬스장에서 유산소 운동을 할 필요는 없다. 밖에서도 비교적 쉽게 할 수 있다는 게 유산소 운동의 장점이다(야외에서 가동성이나 근력 트레이닝이 불가능한 건 아니지만 계획과 창의력이 필요하다. 반면에 유산소 운동은 그냥 장비를 챙겨 나가면 된다). 야외 운동을 좋아하는 사람에게 유산소 운동은 탁월한 선택이다. 또는 밖에 나가는 게 좋다고 생각하면서도 나갈 동기를 찾기 힘든 사람에게도 유용하다.

야외에서 헬스장의 유산소 머신과 같은 효과를 낼 방법을 찾는 것은 생각보다 훨씬 까다롭다. 밖에서 뛰거나 걷는 것은 쉽지만(용도에 맞는 신발과 편한 옷을 입고 나가기만 하면 된다) 로잉, 바이킹, 크로스컨트리 스키(엘립티컬 머신이 이 운동을 모방했다) 같은 운동은 정해진 장비와 지형이 필요하다. 하지만 당신은 이런 운동이 재미있는지, 실제로 가능한지 이미 알고 있을 것이다(자전거를 탈 줄 모른다면 사이클링은 하기 힘들고, 주변에 강이 없다면 로잉은 못 한다고 봐야 한다).

관심 가는 운동, 할 수 있겠다 싶은 운동을 하나하나 적어 보자. 산책이나 달리기, 자전거 같은 확실한 운동은 물론이고 가능할 법한 다른 운동도 생각해 보자. 인라인이나 롤러스케이트, 스케이트보드, 날씨가 허락한다면 크로스컨트리 스키, 스노슈잉(눈 전용 부츠를 신고 걷거나 뛰는 운동 —옮긴이)은 어떨까?

안타깝지만 자본주의가 판치는 세상에서 한 가지 더 고려할 점이 있다. 비용이다. "운동은 해 보셨어요?"라고 묻는 사람들은 야외 운동이 100퍼센트 공짜인 것처럼 말한다. 하지만 현실은 대체로 그렇지 않다. 야외 공간을 이용하면서 요금을 내는 경우는 거의 없지만, 필요한 장비는 돈을 주고 사야 한다.

새 장비를 살 돈이 없다고 해서 방법이 없는 건 아니다. 조사할 시간과 기력만 있으면 이런 문제를 해결할 방법은 늘 존재한다(이런 고민 자체가 번거로우면 야외 유산소는 건너뛰고 282쪽 '헬스장도, 야외도 싫다면 집에서도 가능하다'로 넘어가라. 비용이 적게 들고 쉽게 할 수 있는 방법이다. 하지만 그 전에 산책은 어떨까? 지금 있는 신발과 옷으로도 충분히 가능한 훌륭한 운동이다).

시험 삼아 운동한다면 이미 갖고 있는 것을 활용하거나 저렴하게(혹은 무료로) 대여하거나, 예산 내에서 장비를 마련해 보자. 처음 걷기나 달리기를 시작할 때는 용도 구분 없는 편한 운동화를 신는다. 다른 장비를 사기 전에 빌리거나 대여할 수 있는지도 확인해라. 중고품 할인점, 중고 스포츠용품점, SNS 광고를 훑어보자. 구할 수 있는 장비를 바탕으로 가능한 운동을 생각해도 좋다. 내 남편은 2000년대 중반에 굿윌Goodwill(기증품 할인 매장―옮긴이)에서 인라인스케이트를 5달러에 구매한 뒤로 혼자 인라인스케이트 부흥 운동을 일으켰다.

마음에 들고 할 수 있을 듯한 운동을 찾았으면 지금 갖춘 장비 범위에서 시작해라. 그리고 운동을 했을 때의 기분과 효과에 집중하자.

꾸준히 할 수 있을 것 같으면 다음 다섯 가지를 고려해라.

장비

길에서 특정한 유산소 운동을 하고 싶으면 당신의 몸과 목표에 맞는 장비에 투자해야 한다. 이런 장비가 최고급품이거나 터무니없이 비쌀 필요는 없다. 심지어 새것이 아니어도 된다. 운동에 사용할 수 있고 당신에게 맞춰 조절할 수 있으면 된다. 달리기할 때 가장 돈이 많이 드는 용품은 아마 러닝화일 것이다. 러닝 용품점에 가서 당신이 달리는 모습을 분석하고 그 정보에 맞춰 신발을 고르는 게 가장 좋다. 하지만 괜찮은 러닝 용품점이 어디에나 있는 것도 아닌 데다 피트니스 마니아들이 운영하고 그들을 대상으로 하는 가게에 들어가기 불편한 사람도 있을 것이다. 그런 만남을 피하고 싶으면 평소 신발을 착용하는 패턴을 분석해서 가장 잘 맞는 러닝화를 골라 보자('러닝화 착용 유형'을 온라인으로 검색하면 관련 정보 사이트로 연결된다). 러닝화는 비싼 물건이며 물가 상승 속도보다 가격이 빠르게 상승하는 편이다. 하지만 부상 방지와 편안한 착용감을 확실히 보장해 주는 투자다.

사람

외딴곳에 살지 않고서야 야외에서 유산소 운동을 한다는 건 다른 사람의 눈에 띄고 참견받을 가능성이 있다는 뜻이다. 자신이 편하고 모두가 안전한 방향으로 운동을 계획해야 한다. 당신이 운동하는 공간에 차가 다닌다면 위험하다 싶을 때는 운동하지 말자. 사람이 많으면 집중이 안 되거나 거슬리는 경우, 운동 장소로 인도나 도로가 아닌 곳을 고려해라. 공원이나 하천가도 좋다. 하교 후 외부인에게 개방하는 학교 운동장도 달리기 좋은 곳이다(사이클링이나 인라인스케이팅을 할 때는 허용 여부를 미리 확인해야 한다).

경로

밖에 나왔으면 어디론가 가야 한다. 경로를 정할 때 가장 중요한 요소는 안전과 편의성이다. 둘 다 확보했으면 당신의 성격과 목표에 따라 경로를 설계한다. 기력이 달리거나 운동을 잘게 쪼개서 서서히 진행하고 싶으면 집을 중심으로 좁은 원을 그려서 돌아라. 운동이 내킬 때는 여러 번 돌면 되고, 일찍 귀가하고 싶으면 한두 바퀴만 돌고 귀가하면 된다. 성격상 조금 하다가 쉽게 그만둘 것 같고, 그런 유혹을 없애고 싶으면 직선으로 갔다가 돌아오는 경로를 계획해라. 집으로 돌아오려면 이미 지나온 거리를 전부 되돌아가는 수밖에 없다. 목적지 자체를 동기 삼아 원하는 장소나 사람을 찾아가는 것도 방법이다. 내가 좋아하는 고객은 아이스크림 가게까지 걸어갔다가 돌아오곤 한다.

적응력

러닝머신, 엘립티컬 트레이너, 로잉 머신, 고정형 바이크 같은 헬스장의 유산소 기구로도 훌륭한 운동을 할 수 있지만 야외에서 하는 걷기, 달리기, 로잉, 사이클링을 완벽하게 재현하지는 못한다. 더 좋고 나쁨의 문제가 아니라 사용 환경에 차이가 있다는 뜻이다. 그러니 머신 운동과 야외 운동을 서로 전환할 때는 뭔가 이상하게 느껴지거나 상대적으로 적응하는 데 시간이 걸리기도 한다. 하지만 이런 현상은 완벽하게 정상이다.

이 모든 게 복잡해 보인다면 계획 따위는 집어치우고 그냥 정신 건강을 위해 걷는 것도 좋다. 다들 아는지 모르지만 걷기는 정말 경이롭다. 그리고 심하게 과소평가된 운동이다. 시대를 초월한 고전을 무시하지 말자. 걷기는 당신을 밖으로 나가게 한다. 심박수를 끌어올린다(원한다면 심장을 폭발적으로 뛰게 할 수도 있다. 빠르게 걸어 본 적 있는가). 그리고 머리를 맑게 해 준다. 훌륭한 운동으로 손색없다.

헬스장도, 야외도 싫다면
집에서도 가능하다

집에서 한 걸음도 나올 수 없거나 나오기 싫다면 집 안에서도 얼마든지 유산소 운동을 할 수 있다. 집에서 하는 유산소 운동은 경로를 설계하거나 사람들과 부대낄 걱정은 하지 않아도 된다. 주변 이웃을 존중하는 선에서(아래층에 사람이 산다면 줄넘기는 삼가라) 헬스장 운영 시간이나 해 지는 시간 같은 제약 요인을 신경 쓰지 않고 운동을 계획할 수 있다. 이상한 짓도 내키는 대로 얼마든지 가능하다. 개인적으로 암울한 시기에 내가 한 운동은 디페시 모드Depeche Mode(영국의 일렉트로닉 팝 밴드—옮긴이)의 음악에 맞춰 간단한 에어로빅 스텝을 밟는 게 전부였다. 바깥세상에 나가지 않으니 이런 것밖에 못 한다고 말하는 사람도 있겠지만, 다른 곳에 갔더라면 자의식이나 자기비판에 얽매여 어떤 운동도 하기 싫었을 것이다.

집에서 유산소 운동을 할 때는 좁은 공간을 극복하기가 가장 까다롭다. 하지만 몇 가지 방법이 있다. 하나는 머신을 마련하는 것이다. 운동에 정말 열의가 있을 때, 아니면 최소한 머신이 있으면 뭘 할지 구체적으로 생각하며 설렐 때만 추천하는 방법이다. 실내 사이클링을 세상에서 제일 좋아하는 사람은 바이크를 사면 언제든 원하는 방식으로 탈 수 있으니 결과적으로 훌륭한 선택이다. 달리기에 심취했는데 일부 시간대나 특정한 계절에 밖에 나갈 수 없다면 러닝머신이 후회 없는 투자가 된다. 사 놓으면 아마 쓸 거라고 생각하거나 의무적으로 써야 할 것 같으면 투자 가치가 없다고 봐야 한다. 나는 억지로라도 운동하려고 근력 운동 장비를 샀다가 갑자기 운동을 좋아하게 된 사람들을 많이 봤다. 하지만 값비싼 유산소 장비에서는 그런 경우를 본 적이 없다. 돈을 들일 가치가 있는지 의문이 생긴다면 답은 아마 '아니다'일 것이다.

좀 더 작은 장비를 사는 것도 방법이다. 줄넘기를 사서 간단한 인터벌 트레이닝을 해 보자. 화려한 발재간을 추가해도 좋다. 에어로빅 스텝 상자를 사서 TV를 보는 동안 내키는 속도로 올라갔다가 내려오는 것도 좋다. 바닥을 치우고 민첩성 사다리 agility ladder(나일론 줄과 플라스틱 막대로 만든 스텝 훈련 기구로 땅따먹기와 비슷한 형태)를 펼쳐 놓고 놀 수도 있다(내 경험을 참고로 말하면, 민첩성 사다리는 자폐 스펙트럼 장애가 있는 사람들도 부담 없이 즐기며 신체 인식을 높일 수 있는 운동이다. 패턴이 존재하고 반복이 가능하며 남의 시선을 끌거나 놀림받을 걱정 없이 자신에게 맞는 속도로 하면 된다). 공간이 충분하면 샌드백을 달거나 세우는 것도 고려해라. 허공 주먹질과 발차기는 유산소와 스트레스 해소에 가장 좋은 운동이다.

소형 장비는 물리적 공간을 활용하기에도 좋지만 정신적 여유를 만들어 주기도 한다. 적은 돈을 들였으니 본전을 뽑아야 한다는 압박감이 없다. 그러니 마음 놓고 즐기면서 기분이 내킬 때 집에서 무슨 유산소를 더 해 볼지 물색해라.

집 주변에서 운동에 활용할 만한 곳을 찾아라. 집 안이나 건물에 계단이 있는가? 계단은 유산소 운동을 하기에 더할 나위 없는 조건이다. 수영이나 수중 워킹을 할 수영장이 있는가

(수영장이 있는 집이 드문 건 알지만 나는 최근에 1970년대에 지은 건물에서 수영장을 발견했다. 예전에 호화로운 건물이었을 때 설치한 듯하다. 아무도 찾는 사람이 없어서, 나는 당당하게 옛날 기분을 내면서 물장구를 치고서 그걸 운동이라고 불렀다)?

마지막으로 공간에 맞춰 운동해 보자. 모든 장소가 내 집 침대처럼 편해지기는 힘들다. 그렇다고 제자리에서 30분 동안 쉬지 않고 뛰면 평생이 걸려도 종아리가 당신을 용서하지 않을 것이다. 하지만 4장에서 살펴봤듯이 좁은 장소에서도 환경을 조성해서 온갖 운동으로 심장을 빠르게 뛰게 할 수 있다. 무릎이 버틸 것 같으면 제자리에서 격렬하게 조깅을 해도 된다. 제자리에서 앞뒤로 베어 크롤bear crawl(곰처럼 기어가는 코어 운동—옮긴이)을 해라. 혹은 팔 벌려 뛰기, 마운틴 클라이머, 섀도복싱, 민첩성 사다리 등을 이용한 발놀림 훈련도 좋다. 앞서 언급한 팔 흔들고 유산소라고 우기기도 있다. 침대 밖으로 나오기 싫은 날에는 누운 채 팔다리를 흔들어라.

러너스 하이

러너스 하이는 실제로 존재하지만, 오해와 과장이 난무하는 개념이다. 유산소 운동을 격렬하게 하거나 오래 하면 잠깐 희열을 느끼는 사람들도 있다. 나도 한 번은 그랬다! 하지만 달린다고 해서 누구나 경험하는 것도, 특히 나가서 뛸 때마다 경험하는 것도 아니다.

러너스 하이를 못 느껴 본 사람은 뭔가 잘못해서 그런가 싶겠지만, 사실 러너스 하이에는 실질적인 증거가 없다. 예전에는 엔도르핀이 폭발하는 현상이라고 생각했지만 최근 아니라는 사실이 밝혀졌다. 이제 전문가들은 신경 전달 물질의 일종인 엔도카나비노이드^{endocannabinoid}와 연관이 있다고 추정한다. 내 경험에서 나온 지론에 따르면 이런 생각은 필사적인 망상이다. 러너스 하이가 정확히 뭔지는 모르지만 나는 일종의 요행이라고 생각한다. 달리는 도중이나 후에 고양감을 느끼는 건 당연한 일이다('희열'을 말하는 사람은 평소 절제가 일상인 달리기 고수라는 사실을 기억해라. 보디빌더가 훌륭한 단백질 파우더를 논하는 것과 비슷하다. 근래 먹었던 것 중에 최고라고 해도, 비교 대상은 양념 안 된 닭가슴살이지 초콜릿이 아니다). 게다가 나는 달릴 때 가장 좋았던 기억을 되짚어 봐도 그런 황홀한 순간이 떠오르지 않는다. 내가 고꾸라지지 않게 붙들어 줬던 순간을 기억할 뿐이다. 태양이 완벽하게 빛나고, 가장 좋아하는 노래가 헤드폰에서 흘러나오는 찰나였다. 나는 그런 순간을 위해 달린다. 다행히 그런 순간은 그리 드물지 않다.

얼마나 격렬하게
해야 할까?

이 질문에 대한 답은 당신이 어떻게 묻느냐에 달렸다.

정말로 '적절한 운동 강도'가 궁금하다면 답은 '생각보다 조금 더 격렬하지만 겁나지는 않을 정도'다. 그날 상태에 따라 의미가 달라지겠지만 도전적인 목표를 잡아야 한다(가끔 세상 모든 일이 버거운 날이 있다). 하지만 땀을 비 오듯 흘리고 얼굴이 붉어지고, 다리가 흐물흐물해질 때까지 해야 하는 건 아니다. 에어로빅은 말 그대로 '유산소'라는 뜻이므로, 숨을 헐떡이게 하거나 젖산으로 근육을 욱신거리게 하는 건 에어로빅 운동이 아니다. 게다가 기분이 좋아지려고 운동하는데 자신을 고통에 몰아넣을 이유는 없다.

게다가 정신 건강을 개선하려고 고생할 필요도 없다. 정신 건강과 심혈관 건강을 모두 향상하고 싶으면 적당한 수준으로 노력하는 게 최선이다. 심박수 범위heart rate zone를 기준으로 생각하면 최대 심박수Maximum Heart Rate, MHR의 50~70퍼센트에 해당하는 저강도 구간lower intensity zone과 온건 구간temperate zone 정도가 적당하다. 최대 심박수는 물론 현재 심박수도 따로 계산하지 않아도 시험 삼아 말을 해 보면 알 수 있다. 저강도 범위에서는 편안하게 대화하거나 노래할 수 있다. 온건 구간에 들어가면 말은 나오지만 노래는 못 한다. 몇 마디 이상 제대로 내뱉지 못하는 상태가 되면 그때부터 자제해야 한다.

몇 주 정도 이 정도 구간에서 꾸준히 유산소 운동을 했다면 서서히 강도를 높여 보자. 하지만 꼭 높여야 하는 건 아니다. 현재 구간에서 계속 몸을 움직이기만 해도 몸과 정신 건강을 얼마든지 개선할 수 있다.

강도를 높이려면 먼저 어디까지 할 수 있는지 생각해야 한다. 기본적인 심혈관 건강을 탄탄하게 단련했고 실제로 더 도전하고 싶으면 본격적으로 유산소 훈련에 돌입해 보자. 고강도 인터벌 트레이닝을 하면 더 큰 목표도 가능하다. 자기 몸을 속속들이 잘 알고 어떤 자극에 반응하는지, 움직이면 어떤 기분인지 파악한 게 아니라면 임의로 심박수 구간을 알아내려 하지 말고 심박수 훈련heart rate training을 해 보자. 자신의 최대 심박수를 계산하고 현재 운동 목표 대비 몇 퍼센트가 적당한지 파악하며, 심박수 추적기를 구해서 수치를 기록해라. 당신의 건강에 무척 중요한 작업이고, 자기 몸을 파악하는 데 유용하다. 나는 만성 불안을 안고 살다 보니 심장이 목구멍으로 튀어나올 것처럼 질주할 때가 많았다. 그래서 그 속도를 안정 시 심박수로 생각했고 그 수치를 넘어서면 힘들었기 때문에 유산소 운동에는 아예 소질이 없다고 생각했다. 실제로 내 운동 수준을 측정하면서 다른 심박수 구간에 돌입했을 때 어떤 기분인지 실감하자 충격에 휩싸였다. 적당히 유산소 운동을 한다고 생각했지만 알고 보니 위험할 정도로 최대 심박수에 가까웠기 때문이다.

당신이 자책하거나 자학하는 성향이 있다면 유산소 운동을 왜 더 격렬하게 하고 싶은지 솔직해질 필요가 있다. 운동하는 기분이나 더 높은 목표에 도전하면 기분이 좋기 때문인가. 아니면 자신에게 벌을 주고 예전 행동(혹은 먹은 음식)을 만회하고 싶어서인가. 그것도 아니면 고통받는 게 당연하다고 생각하기 때문인가. 만약 두 번째나 세 번째라면 자신의 심박수에 집중을 하거나 아예 다른 운동을 하는 편이 낫다.

새로운 루틴
만들기

근력 트레이닝이 순차적으로 진전하고 있고 운동할 때마다 루틴을 바꿔야 근육과 정신이 자극되는 시기가 오면, 유산소 운동이 자연스럽게 발전한다. 운동 난이도를 조금 더 올릴 방법이 몇 가지 있지만, 시급하게 꼭 해야 하는 건 아니다.

운동할 때 반복을 선호하는가? 예를 들어 밖에 나가면 오디오북을 들으면서 기계처럼 다리를 움직여서 걷는 게 전부인가? 동작을 이미 다 외워서 순서를 환히 꿰고 있는 홈 트레이닝 영상에 맞춰 움직이고 싶은가? 그렇다면 기존의 루틴을 반복만 해도 충분하다. 익숙한 운동 루틴에서 오는 편안함과 성취감보다 '힘든' 운동이 더 낫다는 증거는 없다. 다만 평소 운동하는 대로 하면서 다른 동작도 조금씩 추가해라. 완전히 똑같은 동작을 정확히 같은 방식으로 오랫동안 하다 보면 근육 불균형과 만성 과사용 손상으로 이어지기 쉽다. 다른 방식으로 움직이는 운동을 번갈아 하면 조금씩 균형이 잡히고 전반적으로 기분이 좋아지며, 좋아하는 활동을 더 오래 할 수 있다(예를 들어 달리기를 좋아하면 옆이나 뒤로 움직일 방법을 찾아보자).

구체적인 운동 목표가 있거나 뭔가 새로운 것을 시도하고 싶으면 지금 하는 운동의 강도를 높이거나 시간이나 거리를 늘린다. 장기적으로는 두 가지 측면을 모두 강화할 수 있지만 건강과 성과 측면에서 한 번에 하나에 집중하는 편이 훨씬 낫다. 그다음 주 단위, 혹은 월 단위로 조금씩 운동을 추가해라. 천천히, 꾸준히 하면 정말 승리할 수 있다.

8장

못 견디겠으면
쉬어라

운동을 멈추었다가 다시 시작하는 법

Work It Out

나는 20대 중반에 종합 격투기를 하고 싶어서 브라질 주짓수 시범 수업에 등록했다. 약간 무서웠지만 신나기도 했다. 정규 수강생들과 함께 준비 운동을 한 다음 전력으로 질주하고 다양한 애니멀 워크와 재주넘기를 했다. 그다음 강사는 나와 다른 신입생 한 명을 도장 뒤편에 있는 소형 팔각링(종합 격투기 경기를 치르는 링)에 집어넣고 첫 번째 대결 수업을 시켰다.

그날 내가 링 안에서 배운 내용은 내 모든 격투기 기술의 기반이 됐다. 여러 해 동안 상대와 주고받은 테이크다운^{takedown}(상대 선수를 쓰러뜨리는 기술—옮긴이), 서브미션^{submission}(관절 꺾기,

조르기 등으로 상대가 빠져나가지 못하게 하고 항복을 받아 내는 기술—옮긴이), 뒤집기, 머리 차기, 콤보combo는 이 지식이 없었으면 불가능했을 것이다.

주짓수를 배우며 깨달은 가장 큰 교훈이 뭐였을까?

바로 포기하는 법이다.

주짓수에서는 자신이 졌거나 경기를 끝내야 한다는 걸 깨달으면 탭을 한다. 탭 동작 자체는 아주 단순하다. 상대를 손바닥으로 치면서 포기했다는 신호를 주면 상대는 공격을 중단하고 물러난다. 손이 자유롭지 않으면 '탭'이라고 말하거나 구두로 항복하면 된다. 그러면 단번에 알아듣는다.

주짓수 사범은 포기의 철학과 전략을 설명했다. 상대가 암바arm bar(전신의 힘을 골반에 실어서 상대의 팔꿈치를 꺾고 움직이지 못하게 하는 기술)로 당신을 제압했다고 하자. 이때 서브미션이 제대로 적용되지 않았거나 빠져나올 구석이 있으면 상황을 파악하고 반격하거나 방어할 수 있다. 하지만 상대가 당신의 팔을 완전히 잡아 뺐고 기술이 완벽하게 걸렸다면 당신의 팔꿈치는 압력을 감당하지 못한다. 거기까지 가면 끝난 셈이다. 그 시점에 바로 알아차리지 못하고 너무 느리게 탭을 하면 팔꿈치를 다치기 쉽다. 이틀은 꼼짝도 못 할 테고 다음 수업도 참석하지 못할 것이다. 더 심각한 것은 끝났다는 사실을 알면서도 자존심 때문에 탭을 하지 않으면 팔이 부러지고 광범위한 연조직 손상으로 이어진다. 그러면 꽤 오랫동안 격투기는 고사하고 아무 운동도 못 한다.

하지만 위험 신호를 파악하고 받아들여서 탭을 하면 경기를 원점으로 돌리고 계속할 수 있다. 소소한 패배에서 얻은 교훈을 다음 스파링에 적용할 수도 있다.

모든 사범이 이 가르침을 잘 전하는 것도, 이런 신념을 가진 것도 아니다. 제자라고 해서 다 진심으로 받아들이지도 않는다. 그리고 격투기 자체에도 신체를 바라보는 다양한 관점이나 사회의 잘못된 인식 등 여러 가지 문제가 존재한다. 하지만 수많은 격투기 수련이 일반적인 운동 문화에 미치는 긍정적인 영향은 '멈춤'을 있는 그대로 받아들이는 접근 방식에 있다. 때가 되면 깨닫고 수용하며, 최대한 자책 없이 나아가야 한다. 이런 자세는 우리 인생의 일부이자 가장 중요한 교훈이기도 하다.

이것이 내가 도장에서 얻은 가장 중요한 깨달음이었다. 나는 트레이너로 일하면서 이 교훈을 적용했고 내 운동 루틴에도 끊임없이 활용했다. 의지가 약해지는 것을 느낄 때마다, 노력이 부족하거나 쉽게 포기하진 않았는지 의심할 때마다 격투기 링 위에서 얻은 교훈을 떠올리며 그런 환경에서 배웠으니 내가 나약할 리 없다고 되뇌곤 한다. 그러니 휴식은 강인하고 멋진 일이다.

당신은 충분히
쉴 자격이 있다

'몸이 건강해지려면 이렇게 해야 한다'는 훌륭한 지식이지만 사실 더 큰 그림의 일부에 불과하다. 많은 이가 진심으로 받아들이지 못할 뿐 더 중요하면 중요했지 덜하지 않은 진리가 존재한다. 당신은 쉴 '자격'이 있다는 것이다.

아마 당신은 이 개념을 받아들이기 힘들 것이다. 물리적으로 쉬어야 한다는 부분은 납득하면서도 무슨 이유인지 쉬는 행위 자체에 가책을 느끼곤 한다. 다른 사람에게는 좋게 들릴지 몰라도 당신에게는 해당하지 않는다고 생각할 수도 있다(내 뇌는 주로 이렇게 반응한다). 하지만 사실이 아니다. 몸과 정신 건강을 위해 휴식이 필요할 뿐만 아니라, 자기 관리를 위해 쉴 자격이 있다.

가끔은 운동하지 않아도, 아예 생각조차 안 해도 된다. 운동을 잘 끝내고 나서 쉬어도 된다(자신에게 엄격해서 잘했다고 할 수 없다면 그냥 평소처럼 끝냈을 때도 마찬가지다). 운동하다가 중간에 아프거나 잘 안 풀리면 중단해도 좋다. 쉬면서 회복했다가 다른 날에 다시 시도해도 괜찮다. 피곤하거나 부담스러우면 계획했던 운동을 건너뛰어도 된다. 계획을 취소하고 나서 한숨 돌려도 된다.

당신은 인간이고, 정신 건강에 필요한 기본 행위를 할 자격이 있다. 살아남기 위해서.

당신은 쉴 자격이 있다.

정말이다.

수면에 필요한 시간만큼이나 신체 활동을 쉬어 갈 시간이 필요하다. 수면 부족은 고문이다. 말 그대로 '자신을 고문하지 말자.'

고통 없이는 얻는 것도 없다

나는 신체적 관점에서 이 개념을 어떻게 생각하는지 분명히 밝혔다. 하지만 사람들은 정신적 고통을 견디라고 격려하고 미화할 때도 이런 말을 한다. 그게 왜 더 나쁜지 잠시 생각해 보자.

정신 건강은 근섬유가 아니다. 정신 건강에 미세한 상처를 잔뜩 내면, 더 강하게 성장하기는커녕 회복을 장담할 수도 없다(더 강해질 수 있다고 해도 마찬가지다. 살면서 좋은 경험을 하기 위해 왜 꼭 고통을 받아야 하는가).

"고통 없이는 얻는 것도 없다." 이 슬로건의 수많은 추종자가 1980년대 중산층에서 상류층 고객을 중심으로 생겨났다는 사실을 기억하자. 어느 정도 호황인 시대에 비교적 괜찮은 생활 수준을 갖춘 사람들 사이에서 유행했다는 뜻이다. 그들이 최종 목표라고 찬양하는 고통과 피로는 오늘날 우리들의 출발선으로 작용했다.

정신적으로 괴로워하고 극한의 한계까지 자신을 몰아붙여서 정말 무엇인가 얻을 수 있다면, 지금쯤 우리 모두 탄탄한 몸을 얻고 성공가도를 달렸을 것이다.

하지만 마음 편히
쉬는 건 쉽지 않다

아직도 "당신은 쉴 자격이 있다"라는 명제를 받아들이기 힘들 거나, 당신에게는 해당하지 않는다고 생각하는가?

쉴 자격이 있다는 사실을 받아들이기는커녕 인정하기도 힘 든 이유는 많다. 본인이나 다른 사람을 위해 떠올리고 싶을 때 쉽게 찾을 수 있도록 항목별로 정리했다(당장 쉬어도 된다고 확신 하기 어렵다고 해도, 최소한 이해하려고 노력할 때 정신적으로 덜 힘들 기를 바란다).

세상은 자꾸 휴식이 나쁘다고 말한다

'제발 가서 좀 자라'는 말을 듣는 나이가 지나면, 사람들은 당신이 아예 쉬지 못하게 하려 한다. 대놓고 말하든 돌려 말하든, 열심히 일하고 훈련해야 한다는 말을 귀에 못이 박히게 듣는다. 하루가 끝날 무렵 잠깐 있는 자유 시간에는 치열하게 놀아야 한다. 휴식은 나쁜 것이라고들 한다. 게으르고, 이기적이고, 지루하다는 것이다. 이런 말을 무시하려면 초인적인 힘을 발휘해야 한다.

누가 쉬어도 된다고 할 정도면 그건 더 이상 휴식이 아니다

일부 부유층은 정규 직업이 하나 이상 있어야 쉴 자격이 있다는 듯 자기 관리 개념을 이용하고 왜곡했다. 하지만 이는 사실이 아니다. 이들이 쉬어도 된다고 할 정도라면 그건 휴식이 필요한 게 아니라 치료가 필요한 것이다.

한번 시작하면 계속하고 싶어진다

당신에게 잘 맞는 신체 활동을 찾아내고 루틴으로 정착하기까지 오랜 시간이 걸렸으면 이 말도 어느 정도 맞는 말이다.

마침내 맞는 운동을 찾았는데 멈추기 싫은 것도 당연하다. 환영할 일이다, 거의. 하지만 앞서 말했듯이 아무리 흥이 올랐다고 해도 휴식은 물리적으로 필요하다.

정형화된 피트니스 문화는 끈기라는 개념을 왜곡한다

원래는 유익해야 할, 맞는 말을 가져다가 지나치게 과장하는 피트니스 문화 때문에 상처받는 사람들이 많다. 일부 피트니스 애호가들은 쉴 틈 없이 꾸준히 하지 않으면 열심히 해 봤자 소용없는 것처럼 행동하고, 여기에 영향을 받은 많은 이들이 조금이라도 쉬면 지금껏 노력한 것을 다 망칠까 봐 전전긍긍한다(운동에서 끈기는 중요하다. 정확히 말해서 '당신이 감당할 수 있을 때' 중요하다. 근력, 속도, 체력, 탄탄한 근육, 조금 덜 복잡한 머릿속 등 운동으로 기대하는 효과는 어느 정도 꾸준히 해야 비교적 쉽게 생기고 유지할 수 있다. 하지만 띄엄띄엄 운동한다고 전혀 효과가 없다는 뜻은 아니다. 게다가 필요해서 쉰다고 당신이 끈기 없는 사람이 되거나 지금까지 이룬 성과가 다 무너지지는 않는다. 오히려 충분히 쉬지 않으면 지금껏 노력한 모든 걸 잃을 것이다).

쉬고 나면 어떻게 될지 두렵다

운동을 시작하기까지 그리 쉽지 않았다면, 쉬었다가 다시 시작하기 어려울까 봐 걱정될 수 있다. 그리고 힘들었을 때 '잃어버린' 시간을 만회해야 할 것만 같다. 하지만 이런 걱정은 단순한 기우에 불과하다.

시작하기 힘든 것도, 그만두기 힘든 것도 관성 때문이다

그만두지 못할 수도 있다. 뇌 구조상 전환과 변화를 꺼린다면 휴식 상태와 활동 상태를 왔다 갔다 하기 어렵다. 그렇다면 당신이 쉬고 싶을 때 쉬면 된다.

휴식이 부족할 때
몸과 마음이 겪는 일들

지금도 쉴 자격이 있다는 사실을 확신할 수 없다면 다르게 접근해 보자.

쉬어야 한다. 몸과 정신 건강을 위해, 애초에 운동하는 바로 그 이유를 위해 쉬어야 한다. 휴식이 부족하면 어떤 결과가 나타나는지 살펴보자.

자제하지 않으면 얻는 것도 없다

운동은 몸에 세금을 부과한다. 휴식은 몸이 회복되고 강해지는 방법이다. 6장에서 이 내용을 다뤘지만 아무리 반복해도 지나치지 않다. 근육을 단련하면 근섬유가 조금씩 찢어진다. 우리 몸은 쉬면서 찢어진 부위를 회복한다. 이 재생 과정에서 근육이 성장하고 단련된다. 쉬지 않고 운동한다는 건 식물의 가지를 자르고서 심지도, 물을 주지도, 햇빛을 비추지도 않고서 자라길 바라는 것과 다름없다.

쉬지 않고 운동하는 건 정말, 심하게 해롭다

적절히 회복하지 않은 채 지나치게 많이 운동하면 과훈련 증후군으로 이어지기도 한다. 과훈련 증상은 식욕 부진, 통증, 피로, 뇌 흐림brain fog(안개가 낀 것처럼 머리가 무겁고 멍한 증상—옮긴이), 체중 변동, 의욕 부족, 수면 장애, 질환, 기분 변화 등이다. 달리 말해 지나치게 밀어붙이면 개선하고 싶었던 모든 증상이 나빠진다는 뜻이다.

몸이 불편해진다

진짜 과훈련 증후군을 겪을 때까지 스스로를 내몰지 않더라도 휴식 없이 운동하다 보면 부상 위험이 커진다. 부상은 그 자체로 힘들다. 거기다 회복하고 재건하려면 시간과 노력을 들여야 한다. 실제로 다치지 않더라도 필요 이상으로 피곤하고 아플 수 있다.

머릿속이 불편해진다

몸을 혹사시켜서 아프고 피곤하면 기분이 어떨까?

죽을 수도 있다

나 같은 건강 염려증 환자들을 위해 미리 말하지만, 이런 결과는 극단적인 과훈련으로 매우 드물게 나타난다. 이 책에서 다루는 운동이 죽음으로 이어질 가능성은 거의 없다. 과하게 하더라도 마찬가지다. 하지만 이런 충격이 있어야 자신을 소중하게 생각하겠으면 마음 한구석에 유념해 두길 바란다.

제대로 휴식하는
4가지 방법

당신에게 쉴 자격이 있고 꼭 쉬어야 한다는 사실을 인정했으면 이제 방법을 배우자. 우리가 사는 세상이 완벽한 곳이었으면 본 능대로만 하면 됐을 것이다. 쉴 때가 됐다고 몸이 말할 테고, 당 신은 그 신호를 알아차리고 적절히 피로를 풀면 된다. 하지만 잠깐 쉬어 가도 되는지 의심하게 만드는 세상에서는 제대로 쉬 는 법을 알기도 힘들다.

지금부터 설명하는 내용은 휴식이 당신에게 어떤 의미인지 아는 데 도움이 된다. 물론 고정불변의 법칙은 아니며 쓸모가 없어지면 얼마든지 조절해도 좋다. 하지만 당신의 한계가 무엇인지, 얼마나 쉽게 자신을 몰아붙이는지 파악하면서 자학하지 않게 도와준다.

최소한 일주일에 하루는 쉬어라

운동을 생각할 필요도 없는 날이 최소한 일주일에 하루는 있어야 한다. 일부 피트니스 전문가는 활동이 줄어든 게 휴식이라고 말한다. 틀린 말은 아니지만 휴식의 의미는 전적으로 개인에게 달렸다. 당신이 운동에 푹 빠졌다면 쉬는 날 가볍게 움직이는 정도는 전혀 문제 되지 않는다. 하지만 신체 활동을 바라보는 관점이 그보다 복잡하다면 운동과 당신 사이에 어느 정도 거리를 두는 편이 훨씬 정신 건강에 좋다. 친구가 함께 산책하러 가자고 했을 때, 어느 책을 쓴 사람이 집에 있으라고 했다는 이유로 거절할 필요는 없다. 하지만 정기적으로 며칠이나 그 이상 몸과 뇌에 회복할 시간을 주면 분명히 유익할 것이다. 사실 이런 생각을 받아들이기 힘들수록 처음부터 꼬박꼬박 휴일을 지켜야 한다(그런 휴일에 고강도 인터벌 트레이닝처럼 '줄어든 활동'으로 보기 힘든 운동을 했다면 최대한 빨리 대체 휴일을 정해라).

필요하면 계획을 조정하거나, 취소해라

운동하기에는 너무 피곤하거나 몸이 뻐근하면 언제든 계획을 조정해라. 물론 운동에 일정한 루틴이 있으면 좋다. 꾸준히 운동하면 기분도 꾸준히 나아진다(엔도르핀이 분비될 때만 반짝 나아지는 게 아니다). 피로나 병 때문에 오랜 기간 쉬면 예전 속도를 금방 되찾기 힘든 것도 사실이다. 하지만 가끔 계획 없이 쉬거나 다른 일을 한다고 해서 지금까지의 노력이 모두 물거품이 되지는 않는다.

지나칠 정도로 자주 운동을 거르거나 도저히 루틴을 지킬 수 없다면 지금의 운동 계획이 당신과 맞지 않는다는 신호일지도 모른다. 운동을 해야 할 순간이 돌아올 때마다 견디기 힘들다면 이제 덜 질색하는 운동을 찾아볼 때가 됐다. 항상 너무 피곤해서 운동을 못 하겠으면 부담이 덜한 운동을 찾아라(혹은 일정을 바꿔야 한다. 운동을 아침 일찍 하는 게 좋다고 생각하는 경향이 있는데 모두에게 해당하는 말은 아니다. 아침 일찍 운동하려다 수면 리듬이 무너졌다면 정오나 오후 6시, 아니면 자정에 운동해라). 완전히 진이 빠지거나 아파서 움직이기 힘들다면 지금 당신에게 필요한 건 운동이 아니다.

아프면 멈춰라

운동할 때 가벼운 통증은 정상이다. 그러나 고통은 아니다. '고통은 일시적인 현상이고 나약함을 극복해 나가는 신호'라고 떠드는 사람들도 있지만, 사실은 무엇인가 잘못됐다는 신호다. 고통에 관심을 기울이지 않으면 당신의 목표와 삶의 질을 해치는 장기적인 문제로 이어질 수 있다.

그 문제에는 정신적·감정적 고통이 포함된다.

운동하다가 갑자기 날카로운 통증이 느껴지면 중단하고 확인해라. 어딘가 느낌이 안 좋았는데 그런대로 견딜 만하다가 나빠지기 시작하면 그것도 확인해야 한다. 구토가 나오면 무조건 중단해라. 토할 때까지 격렬하게 몰아붙이는 걸 미화하는 사람들이 지금도 있지만 구토는 몸에 급성 손상이 왔다는 신호다. 이 지경이 될 때까지 계속 운동해서 좋을 건 전혀 없다. 상황이 악화하기만 할 뿐이다.

아플 때는 운동하지 마라

코로나19 팬데믹 이전에는 아픈 증상이 어깨 위에 나타나면 계속해도 되지만 가슴이나 그 아래에 문제가 생기면 쉬어야 한다는 시각이 일반적이었다. 나는 지난 2년간 어디가 아프든 지나치다 싶을 정도로 조심했고, 그렇다고 해서 뭔가 잃었거나 퇴보했다는 생각은 들지 않았다. 선택은 당신 몫이지만 컨디션이 좋지 않을 때 쉬어도 된다는 허락이 필요하다면 내가 허락한다.

쉬어야 할 때라는 걸
어떻게 알 수 있을까?

이 질문의 답을 요약하기는커녕 정말 답이 있는지도 확신하기 힘들다. 당신의 몸에 무엇이 필요하며 그것을 어떻게 충족할지는 평생 알아 가야 하는 과정이지만 우리가 몸담은 세상이 이 과정을 망치고 있다.

피트니스 전문가로 일한 지 몇 년이 지났을 무렵 동료 강사가 수업 중에 "자기 몸이 하는 말에 귀를 기울여라"라고 말을 했다. 나는 이 말을 일종의 계시로 생각했고, 일할 때마다 항상 이 말을 쓰기 시작했다.

내 커리어를 통틀어 가장 후회하는 일이다.

자기 몸에 무슨 일이 일어나는지 관심을 기울이고 존중하라고 했던 말을 후회하지는 않는다. 그건 정말 중요하다. 하지만 이런 제안이 해결책이 아니라 첫 단계라는 사실을 알았으면 좋았을 것이라는 아쉬움이 남는다. 실천하기가 얼마나 어려운지 알고 말했으면 얼마나 좋았을까.

우리는 대부분 자기 몸을 무시하고, 삶의 모든 면을 감당하기 힘들 정도로 몰아붙이고 미워해야 한다고 생각하며 살아간다. 귀를 기울이는 건 멋지지만 먼저 몸의 언어를 배워야 한다. 몸에 무슨 일이 벌어지고 있고 느낌이 어떤지 알아야 한다. 그리고 이 모든 게 무슨 뜻인지 이해해야 한다. 그다음 이 신호에 어떻게 반응해야 건전한지, 죄책감이나 자책 없이 반응하는 법은 무엇인지 배워야 한다.

트레이너가 조언을 한다고 해서 이런 자세가 곧바로 몸에 배지는 않는다. 그들이 아무리 좋은 뜻으로 진솔하게 말해도 마찬가지다.

당신의 몸과 소통하는 게 불가능한 일은 아니지만 많은 시간과 꾸준한 노력이 필요하다. 이런저런 방식으로 몸을 움직였을 때 어떤 기분인지 마음을 열고 관심을 기울이면, 세트를 마무리하면서 근육이 뻐근해지는 정도와 어딘가 비틀려서 느끼는 통증의 차이를 인식할 수 있다. 적당한 유산소 구간에 있을 때와 그 구간을 넘어섰을 때의 호흡이 어떻게 다른지도 배운다. 언제 계속하고 멈춰야 하는지, 그리고 언제 다시 시작해야 하는지 감이 온다. 더 도전할 때와 자신을 벌할 때의 차이도 와닿을 것이다. 죄책감 없이 운동하려면 평생 노력해야겠지만 가끔 모든 게 조화롭게 들어맞는 순간이 찾아온다.

그러니 이제 '몸에 귀를 기울이라'는 말 대신 '몸과 친밀한 관계를 쌓아 나가라'는 말을 하고 싶다. 그 과정에서 자신에게 관대해지길 바란다. 특히 초반이라면 더 주의해야 한다.

멈춰야겠다는 생각이 들면 멈춰라. 이만한 이유로 쉬어도 될까 싶으면 쉬어라. 자기 가치를 증명하겠다는 잘못된 일념으로 한계에 몰릴 때까지 무리했다는 게 느껴지면(나는 우울감 때문에 이런 식으로 운동을 망치곤 한다) 물러나라. 노력이 부족하거나 게으름을 피우는 것 같아서 걱정되면 이 사실을 기억해라. 당신은 아무리 해도 부족하다고 매도하는 사회에서 '충분함'과 '지나침'을 구분할 선을 찾아야 한다. 이런 메시지는 수많은 사람의 내면에 자리 잡았고, 뇌는 고통스러울수록 이런 말을 갑절로 곱씹는다. 스스로 운동할 때 무리했거나 휴식이 필요하다는 생각이 들면 그때는 정말로 무리했을 가능성이 크다.

　그럴 때는…

잘하고 있다고
스스로 인정해라

그렇다. 전반적으로 잘하고 있다고 인정하면서, 사소한 성과 하나하나 모두 칭찬해라. 다른 사람이 응원하지 않아도 상관없다. 스스로를 칭찬한다고 무슨 손해를 보겠는가? "난 역시 '너무' 잘하고 있어!" 당신은 신체 건강과 정신 건강을 위해 스스로 관대해지라고 권하는 책을 여기까지 읽었다. 그런 사람의 자아가 거만하기 짝이 없거나 극도로 무책임할 리는 없다.

운동을 끝마쳤으면 자축해라. 겨우 끝내긴 했지만 제대로 못 했던 부분도 칭찬해라. 운동을 빼먹었다고 자책하지는 말자. 이럴 때 엄한 사랑 따위는 필요 없다.

이런 말이 지나치게 관대하다고 생각하지 않는다. 나는 우울증을 앓는 개인 트레이너로서 웨이트 운동, 플라이오메트릭 plyometrics(근육 수축과 이완을 반복하는 고강도 근력 운동―옮긴이), 복합 격투기, 달리기를 했다. 세상에 존재하는 버피란 버피는 모두 해 봤다. 브라질 주짓수 경기 준비 운동을 하다 발가락이 부러져서 골룸처럼 울부짖으며 바닥을 굴러다니다가 일어나서 경기에 나간 적도 있다(남들에게 추천하지는 않는다).

하지만 목숨을 붙들고 살아가는 행위 자체보다 육체적으로, 정신적으로 고달픈 건 없었다. 이 책을 읽는 당신은 상상하기도 힘든 벅찬 운동을 하고 있는 셈이다. 원한다면, 원하는 때에 나머지를 알아 나가면 된다.

당신은 지금도 잘하고 있다.

당신이 받아야 할 이름 없는 메달

프로와 아마추어, 취미형 운동선수는 경기에서 우승하거나 중요한 단계를 넘어서면 빛나는 상을 받는다. 보디빌더 토너먼트에서 입상하면 트로피를 받는다. 마라톤 5킬로미터를 완주하면 메달을 받는다. 어떤 결투에서 승리하면 검을 하사받는다.

하나같이 위대한 업적이지만 이런 승리만 기릴 가치가 있는 건 아니다. '참가상'이라고 하면 다들 비웃는데, 뭐 어떤가. 진정으로 노력한 참가자를 포함해서 금메달을 따지 못한 수많은 업적도 내 책에는 승리로 기록한다(이것도 내 책이다). 칭찬받기 충분한 업적들을 살펴보자.

- 침대에서 일어났다.
- 운동을 마치고 뿌듯함을 느꼈다.
- 운동을 끝내지 못했어도 뿌듯함을 느꼈다.
- 컨디션이 안 좋아서 운동을 흐지부지했지만 운동화를 신고 문을 나섰다.
- 부상을 피하거나 치료할 시간이 필요해서 휴식을 취했다.
- 아주 창의적이고 유쾌하게 운동을 욕했다.
- 헬스장에서 더 무거운 중량을 들거나 빨리 달리는 사람들을 보고도 개의치 않고 유산소나 웨이트 운동을 했다.
- 그룹 운동 수업에서 뒤에 숨지 않고 맨 앞으로 나왔다.

부록

꾸준히 기록하고
끊임없이 의욕 챙기기

끝났다! 잘했다. 수고한 자신에게 박수해 주자.

이 책이 피트니스 수업이라면 이 부록은 헬스장 탈의실에 기기 전에 남아서 마지막으로 쥐어짜는 동작 몇 회 정도가 될 것이다. 당신은 운동을 끝냈으니 더 안 해도 된다. 지금 마무리하고 싶거나 도표는 질색인가? 지금까지 고마웠다. 이제 책을 덮어라.

하지만 이제 운동할 의욕은 충만하고, 당신이 한 운동을 기록하고 계속 의욕을 고취할 방법이 궁금하다면 지금부터 설명하는 내용이 도움이 될 것이다. 운동을 기록하는 이유는 지금까지 한 일과 앞으로 할 일을 알면 동기 부여가 되기 때문이다. 적지 않으면 모조리 잊어버려서일 수도 있다. 이유가 무엇이든 기록을 준비할 때 도움이 되도록 네 가지 동기 부여 유형을 제시하고 유형별로 이상적인 일지를 예로 들었다(일지 예시는 334쪽부터 시작한다). 일일 계획표, 노트 앱, 책상에 흩어진 종잇조각 등 어디에 기록할지는 당신이 결정해라.

자신을 이해하는 데 도움이 돼야 할 이런 분류표는 늘 역설적으로 반항심을 불러일으킨다. 사람을 상자에 가두면 상자를 찢어 버리고 싶은 게 인지상정이다. 누가 경계선을 그으면 컵에 담긴 규칙에 말아서 후루룩 마셔 버리고 싶어진다. 하지만 어떤 운동 유형에 맞춰 일지 양식을 정했는지 알면 도움이 될 거라고 생각한다(당신이 일지를 선호하는 유형이면 마음에 들 것이다. 어차피 이건 부록이니까). 나는 당신이 선호하는 운동이 아니라 일지의 성격과 운동을 하는 동기에 맞춰 네 가지 유형의 이름을 정했다. 우리 목표에는 이런 접근 방식이 더 적합할뿐더러 2000년대 운동 잡지에나 들어갈 퀴즈 같은 느낌도 덜하기 때문이다.

혹시 당신이 이 책에서 '[A를 좋아한다면/A라고 느낀다면/A 방식으로 행동한다면], 이것은 [이런 이유로 당신의 선호/필요/목표에 부합하므로] 유용할 것이다' 같은 형식으로 서술한 부분을 눈여겨봤고 특정한 기분이나 목표에 공감했다면 어떤 유형이 당신과 잘 맞는지 금방 알아볼 것이다. 그렇지 않다면 다음 페이지에 나오는 흐름도를 참고해라.

당신의 동기 부여 방식은?

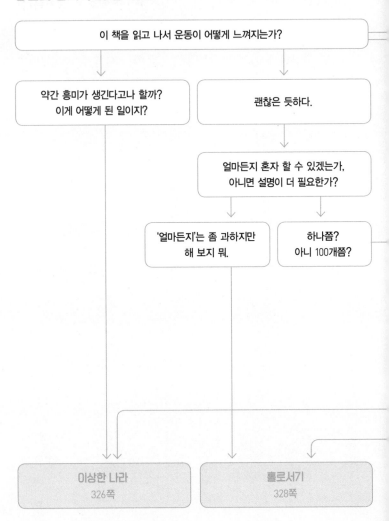

이 책을 읽고 나서 운동이 어떻게 느껴지는가?

약간 흥미가 생긴다고나 할까?
이게 어떻게 된 일이지?

괜찮은 듯하다.

얼마든지 혼자 할 수 있겠는가,
아니면 설명이 더 필요한가?

'얼마든지'는 좀 과하지만
해 보지 뭐.

하나쯤?
아니 100개쯤?

이상한 나라
326쪽

홀로서기
328쪽

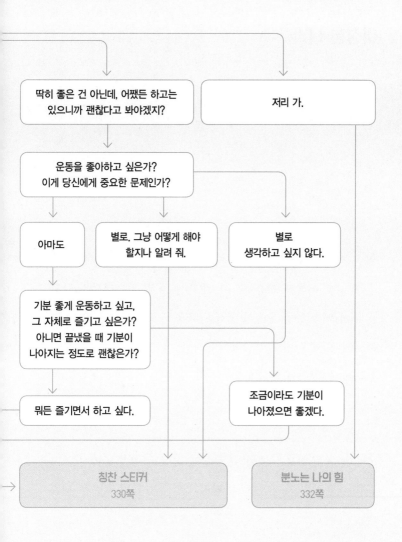

딱히 좋은 건 아닌데, 어쨌든 하고는 있으니까 괜찮다고 봐야겠지?

저리 가.

운동을 좋아하고 싶은가? 이게 당신에게 중요한 문제인가?

아마도

별로. 그냥 어떻게 해야 할지나 알려 줘.

별로 생각하고 싶지 않다.

기분 좋게 운동하고 싶고, 그 자체로 즐기고 싶은가? 아니면 끝냈을 때 기분이 나아지는 정도로 괜찮은가?

뭐든 즐기면서 하고 싶다.

조금이라도 기분이 나아졌으면 좋겠다.

칭찬 스티커
330쪽

분노는 나의 힘
332쪽

이상한 나라

일단 운동을 시작하고 보니 생각보다 재미있다. 사람의 몸이 무슨 원리로 어떻게 작용하는지, 내 몸은 어떻게 느끼는지 알고 싶다. 신체 기능에 운동이 어떤 영향을 미치며 왜 효과가 있고, 효과를 볼 때 어떤 느낌인지 궁금하다. 이상하게 해부학 교과서나 운동 지침서에 관심이 간다.

운동 일지

내 운동 인생은 거의 이 유형에 속했고, 제일 좋아하는 기록 방식은 엄마가 준 옛날식 달리기 일지였다. 다른 운동 템플릿은 주로 숫자를 기반으로 하지만 이 일지에는 세로줄 하나를 통째로 비워서 날씨와 심박수, 기분, 기타 추가하고 싶은 정보를 덧붙이게 했다. 그러니 정확한 데이터를 계속 기록하는 한편 하루가 지나고 일주일이 지나면서 모든 경험이 당신에게 어떤 영향을 주는지 지켜볼 수 있다. 일지에 데이터와 조사 계획, 목표를 적을 공간을 넉넉히 준비하되, 배우고 싶거나 이루고 싶은 것뿐만 아니라 그 과정에서 받는 느낌에도 관심을 기울여야 한다는 사실을 기억해라.

롤 모델

롤 모델을 고를 때 체형이나 운동 성과보다는 당신이 운동과 어떤 관계가 되길 원하는지 생각하고 이런 면을 본받을 수 있는 사람을 찾아라. 최근 내 운동 롤 모델은 일본인 프로 레슬러 두 명이다. 엔도 테츠야는 웨이트 리프트 자세가 훌륭하고 운동을 대하는 자세가 진지하다. 와타나베 미우는 근력이 뛰어나고 그 뛰어난 근력을 유쾌하게 단련한다.

홀로서기

당신과 운동의 관계는 중립이다. 앞으로도 운동을 사랑할 일은 없겠지만 괜찮다. 뭐 어떤가. 해서 기분만 나아진다면 기꺼이 할 수 있다. 근력이나 지구력이 발달하면 물론 좋겠지만 당신이 진정 원하는 건 운동으로 기분이 좋아지고, 기분이 좋으니 운동도 할 수 있는 선순환 구조다.

운동 일지

이 템플릿은 '이상한 나라'와 비슷하게 접근하지만 요란한 내용은 모두 생략했다. 지금 무엇을 하고 있으며 이 동작이 몸과 뇌에서 어떻게 느껴지는지 파악하는 데 집중한 도표만 남겼다. 중장기적으로 당신에게 잘 맞는 운동과 아닌 운동을 파악할 수 있게 자세하면서도 장황하지는 않으니 무리해서 시간과 노력을 쏟지 않아도 된다.

롤 모델

정말 좋아하는 것을 하려고 운동을 수단으로 사용하는 사람들을 롤 모델로 삼아라. 폐활량을 늘리기 위해 달리는 가수, 손주들과 놀아 주려고 웨이트 운동을 하는 할아버지, 할머니처럼. 운동 루틴에 생각할 거리를 더하기 싫으면 굳이 롤 모델을 찾을 필요도 없다.

칭찬 스티커

운동을 하기는 한다. 하지만 좋아하지는 않는다. 운동하려는 의욕도 그리 높은 편은 아니다. 의욕이 있다고 하기도 힘들다.

운동은 당신에게 늘 버거운 일이지만 했을 때의 결과를 좋아하기 때문에 노력할 의향이 있다. 그저 시작하려면 약간의 동기가 필요할 뿐이다. 그만두지 않고 계속하기 위해서도 동기가 필요하다. 그다음에도 한 번 더.

운동 일지

맨 왼쪽 줄에는 다음 주에 할 운동을 하나씩 전부 적는다

(나는 첫 번째 칸에 휴식을 표시했다. 뺄 수 없는 중요한 요소이기 때문이다). 칸 크기는 크든 작든 필요한 만큼 마음대로 설정한다. 한 칸에 준비 운동을 표시하거나 준비 운동을 개별 동작 단위, 분 단위로 표시해도 상관없다. 심지어 '팔 굽혀 펴기 1회', '스쿼트 1회'처럼 동작 1회를 넣어도 좋다. 저렴한 스티커 한 묶음을 사서 운동 하나를 마칠 때마다 스티커를 붙이자. 운동한 날짜 밑에 붙이면 된다. 구체적인 스티커 개수를 목표로 잡고 도달할 때마다 미리 정해 둔 소소한 상을 자신에게 주자.

롤 모델

어찌어찌 결국 끝까지 해낸 사람이나 동물에서 영감을 얻어 보자. 기분이 저조할 때는 '토끼와 거북이' 이야기의 거북이를 떠올려라. 기분이 괜찮을 때는 〈쓸데없는 정신 건강을 위해 쓸데없이 산책한다Going for a Stupid Walk for My Stupid Mental Health〉 영상을 올린 사람들과 그들의 반려동물도 좋다. 혹은 1983년 내내 〈데비를 따라 하세요〉에 몸 바친 데비 레이놀즈가 '홈 트레이닝 비디오는 너무 빨라서 못 해 먹겠다며 최근 작품이 잘됐으면 이런 일은 안 했을 거'라고 중얼거리던 모습을 생각하자.

분노는 나의 힘

당신의 의욕을 자극하는 건 타인의 악의다. 운동을 하되 내내 구시렁거리고, 운동 비디오에 나오는 사람들 같은 열정적인 자세는 적성에 전혀 안 맞는다.

운동 일지

운동 일지는 필요 없다. 일지를 쓴다는 생각만 해도 짜증 날 테니까. 앞서 언급한 일지 같은 걸 골라서 만화 캐릭터를 끄적이거나, 유용한 부분은 채우고 나머지는 무시해도 좋다.

롤 모델

당신에게 그런 자세로는 아무것도 못 한다고 했던 고약한 체육 선생님, 코치, 동료, 부모님 등을 떠올려라. 할 수 있는지 없는지 알지도 못하면서.

이상한 나라

일자	운동	구체적 데이터 (시간, 횟수, 세트 등)
월요일		
화요일		
수요일		
목요일		
금요일		
토요일		
일요일		

메모 (기분, 관찰 내용 등)	더 조사하고 싶은 것

홀로서기

일자	운동	몸이 느끼는 기분
월요일		
화요일		
수요일		
목요일		
금요일		
토요일		
일요일		

뇌가 느끼는 기분	메모

칭찬 스티커

일자	월요일	화요일	수요일
휴식			

다음 상을 받을 때까지 _____ 점

	금요일	토요일	일요일

다음 상은 _____

참고 자료

운동을 시작할 때 조언이나 설명, 운동법 등을 확인하기 좋은 피트니스 전문가의 채널을 소개한다.

데미 아다나 Demi Adanna
인스타그램 아이디 **@fitgyal_demi**

재미있고 효과적인 운동 방법과 도움 되는 운동 팁 등 유익한 설명이 많다. 하지만 내가 아다나를 추천하는 가장 큰 이유는 〈샤이 걸 에디션 Shy Girl Edition〉 때문이다. 이 시리즈 영상은 한 장소에서, 혹은 운동 기구 하나로 할 수 있는 다양한 운동을 소개한다. 헬스장에서 많은 공간을 차지하지 않고 여기저기 머신을 옮겨 가며, 혹은 다른 사람들과 교류하면서 운동할 수 있다는 뜻이다.

로즈 디바 메이즈 Roz "The Diva" Mays
홈페이지 **https://rozthediva.com** 인스타그램 **@rozthediva**

메이즈는 세계적으로 명성이 자자한 자기 몸 긍정주의 body positive 폴 댄스 강사이자 퍼스널 트레이너이며 '플러스 사이즈 운동선수, 헬스장 무경험자, 기타 부적응자'를 이상적인 고객으로 꼽는다. 메이즈의 인스타그램 콘텐츠(그 외 다른 자료도)는 이 선언이 무색하지 않게 하나하나 전부 유익하다.

크리스타 스콧딕슨Krista Scott-Dixon

홈페이지 **https://stumptuous.com**

스콧딕슨의 웹사이트는 헛소리를 배제한 웨이트 운동 정보를 찾는 사람이라면 누구나 애용하는 2000년대 웨이트 운동계의 바이블이었고 지금도 잘 유지되고 있다. 올바른 정신이 박힌 사람에게서 운동 팁과 관점을 얻고 싶다면 참고하기 좋은 웹사이트다. 딕슨은 2012년에 《망할 놈의 칼로리Fuck Calories》를 썼다.

셰리 스펠릭Sherri Spelic

블로그 **https://edifiedlistener.blog** 트위터 **@edifiedlistener**

스펠릭은 오스트리아의 작가이자 교육자로 여러모로 존경할 만한 일을 많이 했지만, 내가 그녀를 추천하는 이유는 체육 교육 분야에서 훌륭한 업적을 세웠기 때문이다. 사람들이 올바른 신체 활동을 할 수 있게 돕고 싶거나, 세상에는 다음 세대가 더 나은 운동을 할 수 있게 힘쓰며 훌륭한 일을 하는 교사들이 있다는 사실을 알고 싶다면 꼭 스펠릭의 글을 읽어 보길 바란다.

인터넷 운동 처방Exercise Prescription on the Internet

홈페이지 **https://exrx.net**

'인터넷 운동 처방'의 모든 콘텐츠가 훌륭하다는 건 아니다(예를 들어 체중 감량 섹션은 마음에 들지 않는다). 하지만 운동 자료, 운동 요법, 운동 계산기 등은 지나친 거짓 정보 없이 우리 몸의 작동 원리와 대응법을 실용적으로 배울 수 있는 좋은 수단이다.

감사의 말

운동을 하면서 내게 좋은 영향을 준 사람들에게 이 자리를 통해 고맙다고 전하고 싶다. 언젠가 이클립스Eclipse의 지젤Giselle이 나를 따뜻하게 보살펴 준 적이 있다. 돈을 내고 PT를 받는 것도 아닌 일반 회원에게 그렇게 자세히 조언해 줄 필요가 없었을 텐데, 투자한 시간이 보람 있었으면 한다. 내게 멋진 기회와 가르침을 준 라라 에븐Lhara Eben과 제인 클랩Jane Clapp에게도 감사하다. 수업도 정말 훌륭했다. '스트라이킹 콘셉트'의 에번 보리스Evan Boris, 훌륭한 코칭은 물론 좋은 친구가 되어 줘서 고맙다. 정말 의미심장한 말이다. 내가 처음 강사 트레이닝을 받왔던 스톳 필라테스STOTT Pilates의 캐런Karen은 정신 건강을 마케팅 수단으로 생각하거나 운동으로 극복할 수 있다고 보지 않고 고객의 행복을 이루는 요소로 대했다. 그동안 멀리서 지켜봤던 훌륭한 롤 모델들의 이름도 외치고 싶다. 트리시 스트라터스Trish Stratus, 제인 폰다, 리처드 시먼스, 조르주 생 피에르와 에릭 오윙스Erik Owings, 와타나베 미우, 엔도 테츠야가 그들이다.

책을 쓸 때 도움을 준 사람들에게는 아무리 감사해도 부족할 듯하다. 내 에이전트 스테퍼니 싱클레어Stephanie Sinclair, 정확하고 꼼꼼하게 교열해 준 제인 몰리Jane Morley와 케이시 앤드리아디스Kassie Andreadis, 표지와 내지를 멋지게 디자인한 엘리사 플래니건Elissa Flanigan, 내가 이 책을 쓰면 좋겠다고 아이디어를 낸 최고의 편집자 제스 지머맨Jess Zimmerman, 이들은 글쓰기를 다시 한번 좋아할 수 있게(다른 작가들 못지않게) 해 준 사람들이다.

개인적으로 끝없는 사랑과 지지를 보내 준 분들에게 감사드린다. 부모님, 친구들과 가족들, 내 비서이자 코치인 아케이디아Arcadia.

딱 하나만 선택하라면, 운동

1판 1쇄 인쇄 2023년 6월 22일
1판 1쇄 발행 2023년 6월 30일

지은이 세라 커책
옮긴이 김잔디
펴낸이 이영혜
펴낸곳 (주)디자인하우스

책임편집 김선영
표지 디자인 최혜영
본문 디자인 방유선
교정교열 이성현
홍보마케팅 박화인
영업 문상식, 소은주
제작 정현석, 민나영
미디어사업부문장 김은령

출판등록 1977년 8월 19일 제2-208호
주소 서울시 중구 동호로 272
대표전화 02-2275-6151
영업부직통 02-2263-6900
인스타그램 instagram.com/dh_book
홈페이지 designhouse.co.kr

ISBN 978-89-7041-775-2 03300

디자인하우스는 독자 여러분의 소중한 아이디어와 원고 투고를 기다리고 있습니다.
원고가 있는 분은 dhbooks@design.co.kr로 기획 의도와 개요, 연락처 등을 보내 주세요.